中华文化的
历史遗产

戴逸 ———— 著

中国人民大学出版社
· 北京 ·

目　录

中外文化交流

从历史展望未来

弘扬中华文化　振奋民族精神*（代序）

　　中华民族的文化，历史悠久，内涵丰富，精深博大，成就辉煌，在人类文明发展史上占有极重要的地位。大约 5 000 年以前，在传说中的炎帝和黄帝时代，以黄河流域和长江流域为中心的中华文化就在孕育、形成、发展。古代的人民在中国这片土地上生息、劳动、创造。他们进行狩猎、游牧、耕种、纺织、建房屋、制舟车、造器具、用文字，还出现了原始的诗歌、绘画、音乐、舞蹈等等。一个伟人的民族在和自然作斗争中成长、茁壮，出现在东方。他们在改造客观环境和完善自我的过程中创造了灿烂的文化业绩。

　　中华文化在发展过程中不断吸收其他地区、其他国家的文化而变得更加丰富、充实，犹如黄河、长江一样，汇集众水、吞纳百川，浩浩荡荡地向前奔流，时间越长久，包含融合的文化品种越多样，涵盖和辐射的区域越广大，汪洋浩瀚，千姿百态，蔚为壮观，形成不同于其他世界文化的独立系统以及人类文化史上最光辉奇妙的景观之一。

　　中华文化的内容，复杂而多样，在占人口绝大多数的汉族中，儒家文化占统治地位。但儒家在两千数百年中发生过巨大的变化，从春秋战国时，以孔子、孟子、荀子为代表的儒学原型，发展到汉代以董仲舒为代表的与神学结合的官方学说，又到宋明出现了以程朱陆王为代表的理学和心学，以后发展到清代的考据学、经世学、今文学。作为中国传统文化主干的儒学，在长期发展中经常改变其具体的形态。儒学的演变有其特定的政治、经济背景和影响、作用。在不同的思想趋向下产生了许多学说、流派和杰出人物，在政治、

　　* 原载《紫荆》，1991 年 8 月号。

军事、哲学、历史、文学、艺术、科学等各个领域创造出大批文化成果，云蒸霞蔚，琳琅满目。这是我们极为珍贵的历史文化遗产，是国家和全民族的瑰宝。

应该提到，中华文化不但包括中原地区以农耕为业的汉族文化，也包括了北方游牧民族和南方山地民族的文化。中国是多民族的统一国家。各民族的文化，长期交流，相互吸收，融合沟通，共同形成了传统的中华文化。少数民族为中华文化的发展做出了重大贡献。生活中的胡服、胡床，音乐中的羯鼓、羌笛、胡琴，物产中的葡萄、苜蓿、西瓜、骏马，以及黄道婆向黎族学习棉纺织技术，中原建筑中出现少数民族的风格等，都是兄弟民族在经济、文化上对汉族的显著影响，一部文化史就是各民族文化的传播、交流、创造、融合的历史。弘扬中华文化理所当然地包括少数民族的文化在内。

弘扬中华文化并不是闭关自守、拒绝吸收外国的优秀文化成果。事实上，中国文化在古代虽因重洋阻隔而形成相对独立的体系，但在长期发展中也曾多次接受外国优秀文化而使自己具有蓬勃的生命力。历史上，中外文化的大交流、大撞击共有三次：第一次是东汉时从印度传来了佛教，历经魏晋南北朝隋唐长期的冲突、吸收、融合，产生了禅宗——中国化的佛学，后来影响到宋明理学的诞生。第二次是明清之际，耶稣会传教士带来了西方宗教，也带来了数学、天文学、物理学、测绘学、建筑学以及机械武器制造、绘画、音乐等。第三次是鸦片战争以后，近代西方的自然科学与社会科学进入中国，中西文化的冲突走向高潮；中国的先进分子曾经运用西方文化批判了中国的封建制度和封建思想。直到马克思主义传入，它和中国的实际相结合，在中国生根、发芽、开花、结果，使中国革命有了科学的思想武器，从而取得了革命的伟大胜利。任何文化的健康发展都需要从最广阔的范围吸取营养，得到借鉴。但这种吸收和借鉴，必须以我为主，为我所用。要结合中国的国情，区分外来文化的先进或落后部分，而不是盲目照抄，全盘西化。

中华文化已经走过了漫长的历史路程。它是全体中国人民共同创造的精神财富，是中华民族智慧的结晶，同时又是团结和凝聚各民族的思想纽带。海内外炎黄子孙都为其祖先的勤劳、勇敢和伟大创造感到自豪，都为中国历史的源远流长、丰富多彩感到骄傲。中华民族虽非出于单一的祖先，但在长期历史中，有了文化的认同、思想的沟通、情感的联系。这使中国的团结、统一、稳定、进步有了保证。中国所以能长期立足于东方，并且在近代一百多年帝国主义侵略的狂潮恶浪中没有灭亡，巍然屹立，其重要原因，即在于此。中华文化反映了各地区、各民族的思想、感情、心态，体现了全体人民团结统一的强烈意识。当帝国主义侵略中国时，各民族同舟共济，并肩战斗，抵抗侵略。外国种种挑拨分裂的阴谋，无所用其技，而全中国人民的凝聚力、同心力得到了考验和增强。今天，弘扬中华文化，也就要加强海峡两岸同胞之间的相互交流、相互理解，共谋祖国统一大业的早日完成。

我们的祖先遗留下一份丰厚的文化遗产，今人的任务是正确地进行分析、总结，弘扬其优秀的部分，为社会主义现代化建设服务。随着经济建设的发展，我们越来越认识到文化建设的重要性。文化建设必须和经济建设紧密结合，同时并举；否则，文化的落后将严重阻碍经济的腾飞。一个文盲充斥、教育不发达的国家，一个抛弃了自己的历史遗产、不尊重自己的民族文化，甚至丧失了民族自尊心和自信心的国家，是不可能繁荣昌盛的，也不可能确立和巩固社会主义制度。

马克思主义对待传统文化的正确态度是一分为二，"取其精华，弃其糟粕"。既区别于全盘继承、无条件地接受的复古主义，也不同于一笔抹杀、完全否定的民族虚无主义。而是选择、扬弃、更新、转换、吸收，立足于社会主义建设的需要，使传统文化"推陈出新""古为今用"。事实上，传统文化也是斩不断、抛不掉的，因为它积淀于今天每个人的生活、思想和行为之中，成为民族心理和民族性格的组成部分。历史不可分割，继承与创新是文化发展的规律，只有在继承前人优秀成果的基础上才能有所创新，有所前进。

社会主义精神文明建设要植根于中华文化土壤中，越是深入研究中华文化的丰富内涵，就越能够认识中国过去的成就和未来的希望，越能够鼓舞和振奋我们的民族精神。中国古代有许多健康、积极的思想因素，如"自强不息""勤劳勇敢""艰苦奋斗""发明创造"等精神。这些积极的精神，如能进一步发扬，可以成为今天推动社会主义现代化的强大动力。

当前，一个以弘扬中华文化、振奋民族精神为主旨的历史潮流正在兴起。作为炎黄子孙的一员，让我们投身在这个潮流中，为祖国的统一、民族的振兴、社会的繁荣做出贡献。

中华文化的历史遗产

传统和现代化[*]

　　中国传统文化和现代化有什么关系？我们对传统文化应抱什么态度？这是关系国家前途、民族命运的大问题。

　　文化传统，一般说来，是特定民族在历史实践活动中创造和积累的文明成果。它或者表现于物质载体，如建筑、雕塑、生产工具、生活用品；或者表现于语言文字；或者表现于抽象的性格、能力、民族心理、思维方式、生活方式、价值标准；或者表现于各种知识信息的积累、贮存。文化传统是时代的产物，是历史地形成的。人们今天的创造活动、文明成果，明天就会沉淀在历史的长河中，形成层层堆积的传统遗存。

　　我们每个人都在一定的文化传统中生活、成长。我们既不能脱离传统，也不能自由地选择传统。每个人都是在本民族文化传统的哺育下生长，都在这一传统中获得知识，培养能力，形成思维和工作方式。传统和我们的关系与生俱来，十分密切，渗透在我们的每根血管中。我们都是中华民族优秀传统的儿女，对它当然有深切的眷恋之情。

　　但人类历史是不断前进发展的。传统只反映过去，一旦成为传统，它就凝固起来，偏离开日益发展的新生活，有时会和新生活发生严重的冲突。所以，传统有巨大的惰性。不管传统文化多么悠久、多么丰富、多么光辉灿烂，有时，它反而成为民族进步的沉重负担。传统，是旧生活的反照，不是新时代放射的光芒。

　　传统和现代化是历史发展的两个环节，相互衔接又相互矛盾。传统是昨天的创造活动的积淀，是已经完成了的过去式，是历史活

　　* 原载《文史知识》，1987年第1期。

动的终点。而现代化是当前行动的目标，是前所未有的创造，是新生活的起点。现实生活，必然要冲击、改变旧传统，为自己的胜利前进开辟道路。担负着现代化责任的人，对传统必然是有所继承、有所改造、有所革新，马克思主义的批判继承的态度恰当地说明了传统和现代化的关系。

中国的传统文化源远流长，根深叶茂，取得了十分辉煌的成就。对于我们的悠久文化传统应当珍惜重视，不能采取民族虚无主义的态度，这是没有问题的。但是，中国的传统文化主要是在几千年的封建社会中产生的，分散的小农经济、专制主义的官僚政治体制、宗法式的社会结构是中国传统文化赖以生长的基础，它反过来又为之服务，成为相对停滞的中国封建社会的精神支持。我们既要看到传统文化中精彩的要素、闪光的颗粒，又要看到它和现代化迥然不同的性质、结构和功能。而且，中国的传统文化，在一个孤立的、基本上隔离的环境中生长、发展，在近代以前，虽然也有中外文化的交流，有印度文化、基督教文化的影响，但作用并不大，并未改变传统儒家思想的核心内容。中国传统文化有很大的稳定性和排他性，适应变化的能力很差。

近代的资本主义入侵，使中国变成了半殖民地半封建社会，给中国人民带来了深重的灾难，同时也传入了新的生产力、科学技术，产生了新的阶级和人际关系，输入了新的文化、新的生活方式，形成了中国传统文化和西方近代文化的对立、冲突。许多人做过中西文化的对比，评论其优劣得失。其实，各个时代、各种类型的文化都有其产生的土壤和条件，各有其成就和局限，各有其存在的自身价值，本无所谓孰优孰劣。只是相对于现代化的目标，中国的传统文化远远落后于生活，不能成为救亡图存、复兴中国的精神力量。近百年来，中国的先进分子，探索救国之路，向西方学习，即是用西方的近代文化来代替中国古老的传统文化。西方的近代文化是一个整体，既包含船炮机械、科学技术，也包含民主、人权，包含政治、经济、法律制度以及整套的世界观、历史观、思维方式、价值标准等等。其实，马克思主义正是西方近代文明的最高结晶。中国人民历经艰难曲折才找到了这一正确的科学思想。中国传统文化不能取代西方的近代文明，这是历史已做出的结论。任何要以中国传统文化作为安身立命的精神堡垒，要从传统文化中寻找现代化动力的企图都是注定要落空的。因此，鼓吹回归到东方文明或儒学的第三次复兴都是不可取的。应当说明：吸收传统文化的某些要素，作为建立社会主义精神文明的借鉴是一回事，而全面地回归和复兴传统文化是另一回事。为了创造新生活，最好是无情地和过去告别。在这里，脉脉的温情、美好的追忆、发思古之幽情都是无济于事的。《共产党宣言》中早就说过："它在自己的发展进程中要同传统的观念实行最彻底的决裂。"

　　所谓"告别"和"决裂"当然不是一笔抹杀、简单抛弃。而是指社会主义新文化在整个体系上，在其结构、功能、价值观念上应迥异于传统文化，超越于传统文化。文化建设不是靠口号、声讨、"大批判"所能解决的，重要的是切切实实地工作。艰苦奋斗、埋头苦干、点滴积累，从发展经济、普及教育、提高文化做起。"文化大革命"的悲剧，我们记忆犹新，它以文化的"革命"和"破四旧"的响亮口号开始，最终走向反面，成为对文化的破坏和旧传统的复辟，而且，复辟了旧传统中最阴暗、最消极的方面：专制主义、个人迷信、封建特权、文字狱、自大狂、闭关锁国、践踏知识与人权，"现代化"需要建立人和人的新关系，需要发展民主、科学、法制、尊重人的尊严和权利。现代化所需要的，正是传统文化中所缺少的。

　　讨论中国的传统文化，在肯定传统文化中精华的时候，要清醒地认识其中的糟粕，我们才不会感情用事，才不会丧失鉴别的能力，才不至于迷失方向。

关于中国传统文化的几个问题*

　　文化是人类改造世界的方式和能力，以及他们在改造世界过程中所获得的物质和精神成果，包括改造自然、改造社会、改造人类自我。这种方式与能力，各民族、各时代的情况很不相同。古代人对世界改造的方式与能力跟现代人大不一样，这个民族与那个民族的方式与能力也不一样。这是不同类型的文化所决定的。客观环境对人类提出挑战，人类怎么对付它，或者说怎么解决这个矛盾，各时代、各民族行动的目标、方法、知识水平、价值标准、生活态度、心理状态、世界观都不同，这些构成文化的因素就决定了人们改造世界的方式与能力不同，也决定了他们在改造世界过程中所获得的成果不同。

　　文化作为人类在改造世界中取得的物质成果与精神成果，有的是有形的，有具体的事物作为文化的载体。如上古时代的石器代表一种文化，陶器也代表一种文化，现代的工厂、铁路、轮船、飞机等具体事物代表工业时代的文化。这些具体事物反映了人类创造性劳动，凝聚了人类的智慧。可以说，它们是人类智慧的物化。如果离开了精神创造，那么具体事物就失去了文化意义，就不成为文化，只是一堆僵死的物质的外壳。在这里，物质与精神相互联系，精神的创造、人类的智慧通过具体事物表现出来。人类的科学技术通过工业产品表现出成果，人类的艺术通过艺术品如一幅画、一尊雕像来表现。物质必须凝结人类的智慧、人类的创造才取得文化意义。自然资源不具备这一条件，所以它不是文化。另外一种文化成果是无形的，看不见，摸不着，但它又确确实实存在着，像典章制度、

　　* 原载沙莲香主编：《中国民族性》（一），北京，中国人民大学出版社，1989。

风俗习惯、道德规范，都不表现为具体事物，但也是人们在改造世界的过程中所取得的成果。甚至更深一层完全属于精神方面的如科学、艺术、审美观、道德情操、价值观念，也是人类在改造世界、创造世界的过程中所积累起来的文化成果。

总之，广义文化既是改造世界的方式和能力，又是改造世界的成果；既表现为有形的物质的载体，又表现为精神和内在的心态。这样说来，四面八方，里里外外，无所不包。文化包含的内容这么宽广，怎样来进行研究呢？研究什么呢？

文化是个复合体，包括许多部门、许多学科，对它的研究必然涉及许多部门、许多学科。文化与哲学、社会学、历史学、文学、艺术、宗教、民俗学都有关，文化渗透到各个领域。但我想，文化的研究主要不是去研究文化系统中包含的各个具体的部分。一个文化体系、文化实体由许多要素、部门综合构成，所有这些具体的要素、部门综合在一起，有机构成文化实体，或者说，有机构成文化这个大系统。但是，文化实体本身并不简单地等于许多具体要素相加的和。当许多要素、部门相互联系，综合形成一个文化体系时，这个体系本身又具有新的质态，有自身的质的规定性，有它整体性的特点，这种整体性的特点并不表现在各要素的相加。整体包括部分，但整体并不简单地等于部分之和。所以中国文化并不是把中国的科技、文学、哲学、艺术、历史这些部门加起来，不能这样简单地等同，这样简单地相加不能把握文化的整体性。现在我们研究文化、讨论文化当然要涉及许多具体部门，但探索具体部门的规律性，不是文化研究的任务，这应由具体部门的研究人员来解决。文化研究的任务是把握文化体系整体性的特点，做综合性的考察。

文化研究的对象首先是文化的性质。一种文化系统总有它本身的质的规定性，区别于其他文化。我们一般用社会发展形态来区分文化的性质，也就是说，用生产方式、社会制度来决定文化的性质，表现文化的时代性。文化具有时代性，不同生产方式具有不同性质的文化，不同性质的文化是不能混同的。一般说来，后来者居上，愈是后来的文化，愈是先进，因为后来的文化吸收、综合了以前的文化，加以新的创造、新的发展。当然，一种较高的文化，刚刚处在新的阶段时，处在幼稚阶段时，不一定能显示出它的优越性。它还没有旧的文化那样成熟、丰满，但随着实践的发展，随着新文化全面的成长，必然超过旧文化。

其次，我们应研究文化的类别。文化是可以用种种方法、标准分类的。如用生产、生活方式分，可以分为渔猎文化、畜牧文化、农业文化、工业文化；用地域、国家加以分类，可以分为欧美文化、阿拉伯文化、中国文化、印度文化。原始时代的文化干脆用生产工具、生活用具加以分类，如石器文化（新石器文化、旧石器文化）、青铜文化、彩陶文化、黑陶文化。文化包含的领域宽广，内容复杂。为了研究的方便，可以用某种标准来加以分类，大类的下边可以分成小类别，成为亚文化。大文化体系可以分成许多亚文化。像中国古代文化这个大文化系统里，就包括了许多亚文化：中原文化、荆楚文化、吴越文化、巴蜀文化、幽燕文化等。所以应用各种方法、标准进行分类，在分类中加以比较、加以分析，认识各种文化的共性和特点。

文化研究还应包括对文化的功能，即文化的效用、价值之研究。前边我们说过文化是人类创造的（动物谈不上文化，只有它的本能反应），反过来，文化又塑造了人。每个人都在一定的文化圈子里生活、成长，受教育，取得知识，培养自己的能力，学会怎么思考问题、怎么行动、怎么适应环境、怎么改造环境。人是社会动物，是指人生活在一定的文化环境、社会环境中，他属于某种文化，我们说中国人跟欧洲人、美洲人不同，有两方面的意思：一方面是种族不同，欧美人是白种人，中国人是黄种人；另一方面是文化不同，中国人与欧美人有不同的文化背景、不同的文化史、不同的生活态度、不同的文化价值观念。有一些华裔的美国人，他从小在美国长大，如果完全吸收美国文化，虽然在血统上是中国人，但他在文化上是美国人，他对问题的反应跟我们已经不同。所以说，文化塑造了人。

此外，谈谈文化比较研究。各种各样的文化，有共性，也有个性，各有它们的优点与局限性。作为人类文化的一个部分，各种文化的产生，都有它的根据，都有它的合理性。随着时代的发展，有的文化跟不上时代的要求，衰落了、消失了。文化的比较研究很有意义，观察历史长河中各种文化的潮流，丰富多彩，变化无穷。当来潮的时候，一种文化开始生长，汹涌澎湃，很快地发展。当退潮的时候，它销声匿迹。文化的比较有高下之分、先进与落后之别。因为文化总是从初级形态进化到高级形态。不承认高下之分、先进与落后之别，就等于否认文化的前进性，也否认了人类历史的发展。但文化的比较不能简单地归结为高下之分，不能简单地归结为优劣之分。因为文化有类型上、风格上、情调上的差别和表现手法的不同等等。文化是丰富多彩的，人类在不同的历史条件、不同的地域条件下，会创造出不同形态的文化。所以各种文化的差异性，不能完全用高低、优劣、先进与后进来判断。比如中国的荆楚文化、幽燕文化、巴蜀文化等一些地区性的文化，各有特点，但不能说哪种文化优越、哪种文化落后。去年上海提出海派文化，当然有它优越的方面，但不能说它比其他文化先进，它同样存在局限性，不能绝对地用先进与落后来区分这种地区性文化。即使人类早期的文化，从总体上来说，它处在初级阶段，当然比现在的文化落后。但在某些方面，它达到的成就，是现今先进文化不能比较的、赶不上的。像古希腊文化，是一种初级阶段的文化，但古希腊文化的许多成果，恐怕我们今天也创造不出来。文化的比较可以使我们对各种文化加以鉴别，更重要的是使我们认识它们的丰富多彩，认识它们的价值，认识它们在人类发展中所占的地位。

中国传统文化是个大问题。中国是个文明古国，历史悠久，我们在这样一个文明古国里建设社会主义，我们固有的文化传统是什么呢？先谈中国传统文化的起源、发展，即它产生于什么样的环境，是怎样发展的。对中国文化影响比较大的因素，有经济条件、政治结构、社会结构、地理环境，这些都影响中国文化的发生、发展。首先，中国是农业社会，6 000年以前，中国就种植农业作物。在中国，自给自足的小农经济长期占统治地位，商品经济不发达。在这样的一个农业社会里，民族性格既有勤劳朴实的一面，也造成了稳定、保守、散漫的一面。

其次，中国几千年的政治体制、政治结构是长期的封建专制主义。从秦始皇算起，已有2 000多年了。专制主义、官僚结构对中国的传统文化打下了很深的烙印。

再次，中国是个宗法、家族制度普遍盛行的国家。人们从小到老，生活在一个宗法结构中间。宗法意识、家族意识非常强烈。中国文化是在这样一个社会结构中形成的。

最后，地理环境也对中国文化产生了影响。中国在亚洲东部的大陆，东面是海洋，西北是高山、沙漠，将近1 000万平方公里的领土形成一个相对封闭的环境。跟其他文化发达地区隔得比较远，交流比较少（当然历史上也有过交流，如丝绸之路，但这种交流比较少）。在这样一个相对封闭的地理环境中形成了一种独立的文化系统，不同于西方文化。

中国传统文化内容丰富，但它有个主干、核心，这就是儒家文化（以孔子为代表）。当然，儒家文化本身在历史发展的过程中也有很大的变化。在春秋战国时期，各学派"百家争鸣"，儒家只不过是许多学派中的一派。汉代，董仲舒发挥了儒家学说，使其成为统一的专制国家的官方意识形态，成为官方文化。汉代儒家不同于先前的儒家了。以后，魏晋南北朝隋唐五代，儒家也有变化，它吸收了佛学。到宋代，产生了程朱理学。儒家文化本身也经历了一个很复杂的变化过程，也吸收、融汇了其他文化，很明显地吸收了道家、法家、佛教思想，也吸收了少数民族文化。所以一部文化史就是文化的传播、交流、冲突、融合的历史。

中国文化在一个相对封闭的环境中成长，但它也有过与外来文化的接触。大规模的接触、交流有三次，第一次是佛教的传入。从东汉起，历程几百年，开始是比较粗浅的佛教教义的传播，但经过长期的消化、文化的整合，到唐代，发展到高峰，产生了中国化的佛学——禅宗，到宋代，产生了在佛学影响下的儒学。佛教的传入经过了几百年的过程，这是中国与印度文化的一次大交流，对中国传统文化影响极大。第二次中外文化交流是明清之际,西方传教士到中国来,从利玛窦到汤若望、南怀仁,从明末到康熙年间,100多年间,到中国来的传教士有好几百人,带来了西方的宗教,也带来了西方的文化,包括天文、历法、数学、武器、地图、建筑、绘画和其他自然科学。100多年的时间,西方译著和传教士随身带来的科学仪器也很多。但雍正、乾隆年间,这种交流中断了。原因很复杂,当时中国对西方缺乏认识,所以没有形成一种吸收融合西方先进文化的潮流。第三次文化交流是在鸦片战争以后,外国的大炮打开了中国的门户,中国被动地吸收西方文化,形成中西文化的冲突,又是交流。从某种意义上说,这样的吸收、交流、冲突,到现在还没结束。当然,现在封闭的局面已打破了,不可能再回到历史上那样的闭关状态。中国已进入世界历史的潮流中,中国的社会主义新文化将在批判地吸收传统文化的同时,随着全人类文化一起前进。

中国传统文化的一个特点是重视人际关系。

在中国,伦理道德、历史学这一类学科比较发达,而不太着重于对自然的研究,不着重于研究人与自然的关系,所以中国自然科学相对来说不发达。

中国编《四库全书》时(这是中国古代文化最盛时,也是中国古文化的一个总结时期),法国像狄德罗、卢梭等百科全书派正在编《百科全书》,通过这两部书的比较就可看出东、西方知识结构的不同,也可看出东、西方文化性质、价值观念的不同。当然古人对自然科学也不是漠不关心,但不是像西方人那样把它作为一个纯客观的对象,排除主观性去研究它;而是用"天人合一"的观点,用主观的思想感情、主观的意象赋予自然界以种种意义。中国的诗文里讲自然的很多,都是以自然界为题材,但这只是叙述,而不是用科学的眼光去研究它;是欣赏它的美,而不是追求它的真。所以中国文化的特点,比较着重于人际关系,有人称之为人文主义。但我认为人文主义是西方的思潮,有它特定的内容,恐怕跟中国的传统文化还不是一回事。

中国传统文化重视人际关系、重视人,是将人放在伦理规范中来考虑的。不是肯定个人价值，而是肯定个人对其他人的意义。它的积极意义就是重视人的历史使命，它讲人对社会、对别人的关系，强调人要对社会、对别人做出贡献。但它也有消极的一面，就是忽视了人本身的权利，它把人的价值过分地放在对别人的关系上，而不在自己本身。它讲伦常关系、君臣、父子、夫妇等这一类，都是在讲人和别人应处在一种什么关系中，但是这个社会给人以什么保障呢？它忽略了这一点。

中国传统文化的另一个特点就是同政治结合得比较紧密。2 000多年来，儒家思想一直占统治地位，而且深深渗透到国民性中，它同官方结合得非常紧密，是官方哲学。"学而优则仕"，其治学目的就是做官、入仕。儒家有它积极的方面，即它是入仕的哲学，不像佛学。儒家重视文化对社会的作用，所以儒家有许多名言。"先天下之忧而忧，后天下之乐而乐"，"天下兴亡，匹夫有责"，等等。它强调要治天下，是治国平天下的学问。但是它密切结合政治也产生了另外一种缺陷，即依附于政治，经常以官方标准做判断，把很多事情都附会到政治上去，甚至彗星出现、火山爆发、地震等自然现象都成了被附会的对象，成为天人感应的一种现象，认为政治上有失误，天上就要"示警"。另外，缺少自由的创作，凡是不合于官方口味的，都被称为异端思想，所以中国古代的思想迫害屡见不鲜，文字狱历代都有，政治干预文化就会产生消极的后果。

中国传统文化的第三个特点是带有非常强烈的宗法家族色彩。中国没有统一的像西方那样强烈的宗教，没有那样大的教权（西方的教皇在中世纪甚至比国王地位都高），但是族权——宗族的权利、家族的权利——很大，它实际上控制着老百姓。老百姓把两个东西看得最重要：一个是真命天子——皇权，一个是老祖宗——族权。政权跟族权的势力渗透到各个方面，可以说在中国古代社会生活、文化生活中起极为重大的作用。"君"和"父"是中国人的两个最重要的概念。"无君无父是禽兽也"，也就是说：人和动物最主要的区别，就在于人有"君"和"父"。与"君"和"父"相应，就是中国道德观念规范中的"忠"和"孝"。忠臣、孝子是最完美的人格。所以宗法家族在中国人心目中是很重要的，在国民性格中也是很重要的。这还可以从中国古人有两个重要的生活目的——光宗耀祖，传宗接代——看出来。

光宗耀祖。人活着是为了使他的家族光彩，个人奋斗、读书应举、做官发财，固然是为自己享受，但他更大的目的却是光宗耀祖，给家里立个牌坊或挂一块匾，或者给家里修坟扫墓。

传宗接代。就是生儿子，把他家族绵延下去。"不孝有三，无后为大"。所以人生活的目的就是家族的延续和家族的昌盛。

上面提到的"孝"，我想也应该分析，它当然有好的方面，即它是对父母的正当感情、正当态度。赡养父母、尊敬父母，理应如此，但是如果把这种感情态度提升到一个道德原则，并且加以绝对化，就必然会产生许多流弊。中国古人心中最大的悲剧是什么呢？不是个人的死亡，甚至不是国家的灭亡，而是宗族的灭亡，灭族之灾是最大的不幸。比如中国古典小说《红楼梦》，它是一个悲剧，讲的是封建大家族的没落。

下边我再谈一点中国传统的思维方法和表现方法。中国人的思维方法似乎比较注重直观、着重于体验，相对来说在推理分析上比较薄弱。中国人的思维方法的特点是先直觉到某一个真理，然后用比喻或类比等方法来表现这个真理，用例证的方法来加强、说明这个真理，缺少从未知推到已知的过程（并不是没有，但这方面比较薄弱）。

读中国思想家的书，读中国古代的经典，往往感到有深刻的哲理，但是其思想是跳跃式的，在他们的体会中想象的色彩比较多，比较凝厚和强烈，所以它有许多精彩的片段，有许多闪光的颗粒，但是不连贯，缺少多方面的论证。中国古代圣贤喜欢用格言方式来表达思想，这些格言没有展开，没有充足的论证，比如《论语》，它的道理就几句话或一句话，"有朋自远方来，不亦乐乎"，只有一句话，这个《论语》就是语录式的。老子的《道德经》也是非常简练。宋明理学家许多理论也都是用这种方式来表达，在一两句话中讲一个生活的道理，简短有力，把真理浓缩在片段中间。这同西方著作不太一样，西方的著作都是大部头，让人看了以后，觉得很烦琐。当然，这只是相对而言。

中国的艺术也有其特点——强调写意，而不是写真，现代的中国画采取了西方的一些表现手段，古典的中国画中的人很小、很远，画在山水风景中间，强调的是人跟景的交融，人在景中，而不是强调人的面目；"传神之笔"要传神，不像西方油画那样写实、写真。油画创作很真实，简直像照片一样，它讲究比例、线条、透视、色彩等等，画人要画模特儿，要讲骨骼肌肉。国画不讲求这些，画人的比例也不大对，脸大身子瘦。中国的戏曲好像也有这种情况，也是表现神似，只求意思到了，而不是把真实的细节、生活中的真实都全盘托出。

中国人表达感情比较含蓄，保持分寸，保护感情，封闭自己的内心世界，不是无保留地表现。文化人与野蛮人是有区别的，他不能毫无节制地发泄感情。文化的作用之一就是在内心世界设置一层帷幕或纱巾，或薄或厚，挡住内心世界。中国文化设置了较厚的帷幕。人类的喜怒哀乐本是自发的、本能的，如果毫无节制地让它泛滥，就势必引起人与人之间的冲突。中国文化集中在人际关系，因此感情世界的面纱较厚，按一定规范、程式办事。所以中国人表现感情没有采取像西方的接吻这一类的方式，而是用打躬作揖，含蓄地表达自己的感情。

中国传统文化中有几个概念是值得注意的：首先是儒家的中庸。关于中庸已经写过许多文章了，中庸这一概念承认对立面的矛盾、统一，但解决矛盾的方法是矛盾的缓和、调和，更多地强调了事物统一性的方面，保持一种和谐。中庸之道是不走极端，防止矛盾的激化。要理解中国文化，这是一个重要的概念。第二个概念是礼仪。这也是中国文化中一个很重要的范畴。对个人来讲，就是"克己复礼"，约束自己的欲望、自己的感情、自己的利益，不然就会互相冲突。"礼"是调解人和人关系的准则，也是工具，"克己复礼"即是理性的克制、自觉的克制，又是一种强制性的克制。人必须按礼义来办事，把自己约束在一个人际关系规范里，"礼仪"不仅约束个人，也约束国家、家庭，于是有了"礼仪之邦""礼仪之家"等。中国人向来自称是"礼仪之邦"，强调礼仪，不重视法。礼仪和法是相对的，"礼"带有更多的自觉性，带有更多的教育的性质，"礼教"形成一种"讲礼"的风气。而法更多的是强制，中国古代强调"礼制"，而不是强调法制。中国的法也有，而且在古代还很发达，但中国的法也有特点，即它似乎是专用来惩罚人的。一提法家就让人想起严厉、刻薄和无情无义来。所以，中国古代的刑法特别发达，民法不发达。对那些破坏社会制度、损害人民生命财产安全者惩治性很强，而那些财产纠纷、婚姻纠纷等老百姓日常间的冲突却不是付诸法律，而是由家族来处理，不惊动官府。由此可见，古代法规打击什么是很明确的，但它保护什么（老百姓的正当利益等理应置于它的保护之下）就不明确了。归结为一句，就是法制不健全。还有就是"义利"的观念，重义轻利，强调道德修养，强调主体性的自我完善，而不着重于物质利益。《孟子》开章第一句话，"王曰：'叟！不远千里而来，亦将有以利吾国乎？'"这话是很正常的，但孟子却当头一棒，说："王何必曰利？亦有仁义而已矣。"然后是对梁惠王的教训，最后他的结论是："上下交征利，而国危矣。"孟子把利和义对立起来，重义轻利。儒家文化追求的是自我的道德完善，孔子最好的学生颜回"一箪食，一瓢饮，在陋巷，人不堪其忧，回也不改其乐"，这是孔夫子对他的道德修养的称赞。轻利重义，当然有其积极性的一面，这种思想培养许多为正义、为民族大业而奋斗的有高尚人格的人，不重视个人享受，讲究气节，讲究人格，追求自我的道德完善，"富贵不能淫，贫贱不能移，威武不能屈"，不向权势低头。所以，在儒家所强调的"杀身成仁，舍生取义"的熏陶下，产生了一些英雄人物。但这种重义轻利也产生其消极的一面，轻视商人，轻视商业，过分地、绝对地强调人的道德完善、道德修养，其结果就使人的正常的要求权利受到压抑，到宋元时就发展为"存天理，灭人欲"，人的欲望被消灭了。走到极端时，这种道德就变成对人的摧残。

历史文化遗产的批判继承[*]

在历史遗产中有哪些东西应当继承，能够有助于社会主义文明建设呢？这是需要研究、讨论的问题，很难简单地答复。我认为，大体有以下几个方面。

（1）历史文化遗产中，属于知识和技能的部分，如科学、技术、工艺、医学卫生，以及各种生产知识、文化知识等，都是人们在改造自然、改造社会中的智慧结晶，通常是没有阶级性或者阶级性不很强烈的部分。精神文明的这一部分，有自己本身的发展规律，它不是随着经济基础的改变而突然改变，它要通过逐步积累新的知识，在吸收旧知识的基础上逐步代替旧知识。这部分的精神文明发展的很重要特点，就是积累和更新。已有的知识和成果，常常是取得新知识、新成果的基础和出发点。它的继承性是非常明显的。

（2）历史文化遗产中，属于意识形态的部分，这里面包括哲学、政治、法律、道德以及文学艺术的观点，也包括社会的心理、情感、风俗习惯等等。这类社会意识形态反映社会存在，随着经济基础的变化而发生变化，一般是具有阶级性的，有些有很强烈的阶级性，情况比较复杂。但是，尽管这样，这一部分文化遗产中，仍有很多进步的好因素，当然也可以批判继承。我们应该仔细剔除它的封建糟粕，吸收民主的、进步的内容，来促进今天社会主义精神文明的建设。特别要注意，不能够粗暴地对待这部分文化。

（3）历史文化遗产中，属于物质部分，如历史遗址、古迹、古代工艺品、美术品、古籍、书画、古器物、古建筑等等，这一类不

　　* 原载《北京社联通讯》，1982年第4期。原题目为《建设社会主义精神文明和历史文化遗产的批判继承》。

是知识本身，也不是思想观点和社会心理，而是有实体的历史文物。它们体现我们中华民族的古代文明，可以鼓舞我们爱国主义热忱，培养我们高尚情操，唤起我们对真善美的追求，可以在建设精神文明中发挥重要的作用。这些历史文物是我们的国宝，要妥善保护，很好地继承，对于盗卖破坏这类历史文物的犯罪分子，应给以严厉的惩处。

中国是历史悠久的大国，有丰富的文化遗产，有光辉灿烂的古代文明，这是我们今天建设社会主义精神文明十分有利的条件。这是我们得天独厚的优越条件。我们理论界有责任来探讨古代精神文明和现代精神文明的关系，努力发掘祖国丰富的历史文化宝藏，来加速社会主义精神文明的建设。

在我们祖国古代的精神文明中，首先有伟大的爱国主义精神的好传统。爱国主义，作为一种社会意识形态，它在中华民族悠久历史文化的基础上产生，又反过来给予中华民族的历史发展以重大影响。正如列宁所说："爱国主义就是千百年来巩固起来的对自己的祖国的一种最深厚的感情。"正是有了这种深厚的感情，有了这种精神力量，中国疆域内许多大小民族才能逐步融合，形成伟大的中华民族，历经几千年历史动荡变迁，而稳固地团聚在一起，永不分离。特别是在近一百几十年内，祖国受到帝国主义的侵略，面临灭亡和瓜分的危机，中国人民在爱国主义精神鼓舞下，不畏强暴、英勇斗争，使得任何帝国主义不可能灭亡中国。爱国主义永远是保卫祖国、民族生存，鼓舞我们前进的巨大力量。怎样使我国爱国主义传统在新的历史条件下发扬光大，这是建设社会主义精神文明的重要课题。

中国人民酷爱自由、平等，富于革命的传统，一向反对奴役和剥削。在中国历史上，曾经发生过几百次农民起义，无论其规模、次数或影响都是世界历史上少见的。在革命斗争中，出现了许多可歌可泣的事迹，诞生了许多坚强不屈、英勇战争的英雄，也总结了许多经验教训。自古至今的一部革命历史，是我们民族的伟大教科书，我们将世世代代从其中吸收智慧和力量。

中华民族是勤劳智慧而且富有创造性的民族。我们古代有发达的农业，有精美的工艺品，有闻名世界的四大发明，有古老丰富的科学文化知识，有传统的医疗卫生遗产。英国的李约瑟博士写了多卷本的《中国科学技术史》，我们也应该深入研究古代科学技术，发掘一切有用的东西，以利于精神文明的建设。

我们在哲学、政治学、历史学、法学等方面也有丰富遗产，我们有悠久的唯物主义哲学传统，有许多关于治国、平天下的理论主张和政策措施。我们国家不但历史悠久，而且几千年历史记载连续不断，这在全世界是独一无二的。我们有许多伟大的思想家、政治家、历史家，真是名家辈出，著作如林。值得我们很好地研究、总结、批判继承。

我国的文学遗产也是光辉灿烂，绚丽多姿的，既有现实主义的传统，也有浪漫主义的传统。很多古代文学作品，在思想性和艺术性方面都达到了很高的水平。在体裁方面如诗词歌赋、小说、戏曲、散文应有尽有，琳琅满目；在风格方面有像屈原的壮丽、司马迁的雄健、李白的潇洒、杜甫的沉郁、辛弃疾的豪放的五彩缤纷的文学作品。继承这份丰厚文学遗产，从其中吸取精神，推陈出新，创作出适合于我们时代的、为群众喜闻乐见的新的文艺创作。

还有，我国古代人民有崇高的道德，优良的风尚，如尊敬老人、赡养和孝敬父母，对老师要尊重，对兄弟姊妹要友爱，对朋友、邻居要和睦互助，对幼弱和病残者要爱护，对贫困的要同情帮助等，这些历代被人们奉为美德，今天仍然是我们生活中，人与人相处的行为准则。中国，被称为文明礼仪之邦，一向很重视伦理道德，往往把个人放在社会伦理体系中来认识人的价值。各家学说都研究人和人的伦理关系，所以有丰富的道德伦理传统。当然，封建社会中的道德是有其阶级性的，道德被统治阶级用来束缚人民的手脚。但是，我们不能因而把固有的道德传统一脚踢开。我们今天的责任就是剔除三纲五常的糟粕，剔除虚假的、烦琐的、不合情理的东西，从古代道德准则和伦理学说中，吸收对今天合理的、有用的东西。

　　总之，中国古代的精神文明源远流长，它像一条浩浩荡荡的大河，在东方奔腾不息，已有几千年之久，内容十分丰富，它是我们民族取之不尽、用之不竭的精神力量的源泉。我们一定要很好地开发利用这个丰富宝藏，做到推陈出新，古为今用。

中华文化的源头

研究炎黄文化　建设现代文明[*]

如何建设现代文明？现代文明不是从天上掉下来的，也不是从头脑中凭空想出来的。它是在继承我国优秀文化遗产并汲取全人类共同创造的文明的基础上，根据现代的生活实践而产生的。这是一项继承、吸收、转换、改造、创新的巨大工程。文化发展具有历史的连续性，又具有世界的普遍性。我们既不能数典忘祖，割断历史，抛弃中华民族丰厚的历史文化遗产，也不能闭关锁国，自我孤立，脱离全人类文明发展的康庄大道。我们必须古为今用，洋为中用，推陈出新，继承、吸取、借鉴古今中外一切健康有益的文化。我国历史悠久、幅员广阔，古人创造了光辉灿烂、丰富多样的文化成果，这是国家的瑰宝、民族的财富，是我们的优势所在。比起世界上的其他国家，我们有着更加富厚的古代文化宝藏。

我们所说的"炎黄文化"，通常是指中国许多民族祖先共同创造的历史文化成果的总和。炎帝神农氏、黄帝轩辕氏是否实有其人？这是历来有争议的，迄今流传的有关炎黄二帝的事迹多是神话传说，其材料零散、含糊，难于求得实证，不能完全作为信史看待，但是远古人类创造的神话传说并非全属毫无意义的虚构。它是对当时生活和斗争的原始形式的记录与反映，古代先民常常把他们难以理解、难以驾驭的自然力量和社会力量拟神化，形成神话传说中的神或人。这些神或人开辟混沌，移山补天，创造文明，教化人类，制作器物，造福民众。这些看似荒诞的神话传说，其实包裹着古代生活真实的某些颗粒，蕴含着解答远古人类之谜的某种密码，我们能够正确地破译这些密码时，就可以更加清楚地认识人类的童年时期。炎帝和

---

　* 原载《繁露集》，北京，中国社会科学出版社，1997。

黄帝，很可能是生活在远古时期的两个强大部族的首领，他们是华夏早期文明的创始者。炎帝神农氏教民稼穑，播种五谷，创制农具，"日中为市"，设立原始集市，并遍尝百草，始作医药，在他身上反映了农耕文明与商业、医药的开端。黄帝轩辕氏及其大臣们，发明舟车弓箭，建造宫室，制作衣裳、陶器、乐器，并创造文字。黄帝时代，人类的衣食住行以及文字、艺术、武器、用具均有极大的进步，反映了中国远古文明繁荣发展的盛况。因此，炎帝和黄帝都代表着中国文明史上极为重要的年代，都是中国悠久文化早期的源头之一。当然，今天我们所说的"炎黄文化"，不仅包括远古先民的原始文化，而且包括其后裔，即生息在中国土地上的许多民族所创造的文化的总和，既包括汉族的文化成果，也包括一些少数民族的文化成果。我们所尊崇的炎黄二帝，超越了血缘认同之上的文化认同，其意是指中华文明的创始人。中华文明，内容丰富浩瀚，成就辉煌璀璨，历史悠久长远，涵盖的地区、领域宽阔广袤，其种类繁多、风格互异、交流演变、精彩纷呈。炎黄文化是人类智慧的结晶，是民族团结的纽带，是中国人民安身立命、行事做人的精神支柱，它哺育了世世代代的中华民族，养成了人民勤劳朴实、自强不息、英勇奋斗、聪明睿智的品质和才能。直到今天，炎黄文化仍是建设社会主义现代文明取之不竭的宝藏，研究、弘扬炎黄文化，关系到我国文化建设的成败，关系到民族精神和爱国主义的振奋，关系到海内外华人团结的增强。

炎黄文化既然是历史上创造的文化财富，当然有其阶级的历史的局限，其中既有精华，又有糟粕，不能完全跟上时代的步伐，不能完全符合现实的需要。我们的态度是用马克思列宁主义的立场、观点、方法批判地继承历史文化遗产，去粗取精，去伪存真，既反对把数千年文明遗产视若粪土而弃置不顾的民族文化虚无主义，也反对不加分析、全盘继承的文化复古主义。所以，研究炎黄文化是一个选择、吸取、扬弃、改造和创新的过程。特别是炎黄文化内容丰富，领域广阔，所以这将是一个长时期的刻苦钻研和反复探索的过程。炎黄文化的内容、核心、建构是什么？它如何产生、形成、发展、壮大？它在不同的时间、空间里如何改变存在的形态而具有不同的特色？它在和异质文化的撞击中如何表现出排拒、吸取和竞存的性能？相对于西方文化和其他文化，它的优势和弱点在哪里？它怎样适应现代生活，而我们又怎样进行选择，从传统的炎黄文化中进行移植、吸取、改造，使之在建设现代文明中发挥积极作用？这些问题值得长期研究、冷静思索。我们将在炎黄文化的宝库中寻觅珍品，汲取养料，立足今天的生活，做创造性的努力。我们建设的现代文明，既要继承优秀的传统，具有民族的特色，又必须源于今天的实践，具有社会主义的时代精神。

　　当前，生产力的解放、经济的发展，将使现代文明以巨大的规模和雄伟的气势迈步前进，将使我们的祖先在长期历史中创造和积累的炎黄文化的精神财富闪耀出灿烂的光芒。它必将为建设有中国特色的社会主义现代文明提供建构的基地，奉献珍贵的素材，发挥巨大的作用。

关于河洛文化的四个问题[*]

河洛文化是中华文化的源头。这些年，河洛文化的探讨和研究，在海内外引起了广泛的关注，取得了许多可喜的成果。这里，我想就河洛文化研究中的四个问题谈一点看法。

一、河洛文化的地位和作用

河洛地区是指黄河中游洛水流域（包括伊、洛、瀍、涧诸河）这样一个地区。河洛文化就是指产生在河洛地区的区域性的文化。区域性的文化，是中华民族文化的一个部分，是炎黄文化的一个部分，而河洛文化则是一个非常重要的组成部分。河洛文化起于远古，但截止的时间则有不同看法：有人认为到鸦片战争以前；有人认为区域性的文化只存在于秦朝大一统以前，统一以后就消失了，不必再提河洛文化。我认为说秦统一以后文化的区域性特点逐渐减弱是对的，但不能说完全消失。秦统一以后，我们中国还存在不存在区域文明、区域文化？这个问题是我们当前区域文化研究中必须首先考虑的。中国是个大国，国土非常辽阔，民族成分也很复杂，因此，政治、经济、文化在各个地区的发展是不平衡的。经济上的差异以及文化上的差异是长期存在的，这里面包括文化水平的高低、文化风格的不同等。这种文化差异在秦统一以后会削弱，会减少，但是并没有根本消失。因此秦统一以后，还是存在着区域性的文化的。如果研究区域文化只能研究秦统一以前，那么闽台文化怎么讲呢？

---

[*] 原载《寻根》，1994 年第 1 期。

显然就没法研究。因为闽台在秦统一以前还是很荒芜的地区，除了一些考古发现以外，谈不上很多的文化。我们去年开了一个闽台文化讨论会，讨论的就是秦统一以后，主要是明清及近代的闽台文化。当然，区域性文化是属于全国文化的一部分。各个区域性文化之间是有共性的，正是这些共性使许多区域性文化联系成一个不可分割的整体，联系成中华民族的文明。但是区域文化也有自己的个性，有它的地域色彩，它在语言、艺术、风格、风俗等方面都带有不同的特点，正是这些个性使得中华民族的文化更加丰富多彩，更加具有多样性。

　　河洛文化，在整个中华文明中间居于什么地位呢？简而言之，河洛文化是中国文化的重要源泉之一，而且长期以来处于领先地位。说它是源泉，因为黄河是中华民族的摇篮，是中华民族重要的发祥地，河洛文化历史悠久，影响深远，七八千年来一直延续不断，前后相接，形成一个连绵不绝的文化发展系列。正是这样的一个长期发展的文化，哺育了中华民族的祖先，影响了世世代代的中华民族子孙。说它是个领先地区，因为河洛地区是中原地区，四通八达，从远古以来一直是我们先辈活动的一个中心，这里的文化发展领先于其他地区。偃师二里头遗址最近一个重大发现是宫殿遗址。这个宫殿遗址很可能是 5 000 年以前政权中心的所在地。5 000 年以前是什么时代呢？正好是炎帝、黄帝活动的时代。夏、商、周三代的政治中心也都在这里。夏都斟鄩、阳城，就在登封一带。商都亳、隞也在河洛地区。至于周代，周公营造洛邑，见于古籍记载，后来平王东迁，这里就成为东周的首都。夏、商、周三代河洛都是政治的中心，也是文化发达的地区，确实是人文荟萃，腾蛟起凤。我们说河洛文化不是一般的地域性文化，而是中华民族文化的一个非常重要的组成部分，就是因为它对中华民族文化的形成和发展起着巨大的作用。这样一个地域性文化，对周围既有吸引作用，又有辐射作用。它既有强大的吸收、包容、凝聚的力量，把周围的文化收纳过来，又有把自己的文化传播出去，渗透出去，影响周围的地区的力量。就像有些学者所形容的那样，河洛文化，一面是很强大的推动力，把自己的文化推出去；一面是很强大的吸引力，把周围地区的文化吸过来，形成一个"旋涡"。这个"旋涡"，不仅促进了自身文化的发展，而且带动了周围文化的发展，所以说，河洛地区的文化在中华文明发展中确实起着巨大的带动作用。

二、河图洛书的研究

河图洛书，是河洛文化研究中一个重要的内容。河图洛书，千古之谜。这个问题涉及中国学术史上的一场公案。

中国古代有所谓河洛之学，这是指《周易》研究中的一个流派。据我所知，《周易》研究有两个流派，一是象数派，象数派是以万物的形象以及抽象的数字来解释《周易》，表述它的宇宙观、社会观、历史观。象数派研究《周易》在汉代最盛行，恐怕汉代的学者研究《易经》，基本上都是象数派。一是义理派，义理派是从哲学理论上、哲学思想上来解释《周易》，其代表人物就是王弼。王弼研究《周易》，一扫汉代象数派烦琐附会之弊。北宋初年，从象数派中间分化出了一个新的派别，就是图书派。从陈抟、邵雍、种放、刘牧到周敦颐、朱熹就是所谓图书派，并出现了"龙马负图""神龟背书"这样一些说法。这个问题六七百年来一直有着争论。北宋欧阳修第一个提出疑问：河图洛书究竟存不存在？以后历代的学者都提出疑问，到清朝初年，顾亭林、黄宗羲、黄宗炎、毛奇龄、胡渭这些学者，更对图书派进行了非常尖锐的、非常激烈的抨击。但是，这场公案看来并没有完全解决。这个问题牵涉面广，又很复杂，必须要经过长期的、深入的研究才能取得共识。比如，河图洛书究竟是什么？有的说是气象图、方位图，有的说是一种数学公式、数学方程。有的说是祭奠的典礼，有的则把河图洛书跟安徽含山出土的玉帛相联系，并找到考古学上的根据。也有的说，太极图象征着河洛交会的自然现象，这是因为太极图很像是黄河、洛河交汇形成的旋涡，通过这个自然现象触发灵感，伏羲才创造出太极和八卦。这许多说法都力图从科学的角度、从实际观测的角度进行论证、进行推论、有一定的道理。但是我感觉到论证还不够，还需要有更充分的论据，更圆满的说法。讨论中，我认为应该注意这样几点：

一是对于河图洛书，对于象数派、图书派不能简单否定。《易经·系辞上》说，"河出图，洛出书，圣人则之。"《论语》上讲："凤鸟不至，河不出图。"《竹书纪年》里讲，黄帝在河洛修坛沉璧，受龙图龟书。这些书不是伪书。还有像《礼记》、《管子》、扬雄的《太玄》，都讲到河图洛书。可见，河图洛书即河出图、洛出书这个观念是相当普遍的。如果一定要说忽然从黄河和洛水中冒出了图和书，这对今天具有科学常识的人来说，是谁也不会相信的。但古代又普遍存在着河图洛书的观念，从文化现象学的角度该如何理解呢？我读到不少解释，言之成理，持之有故。但是要翻这一场千古公案，一定要有更坚实的证据。再者，简单地否定象数派、图书派也是不行的。当然，他们中间迷信的、烦琐和牵强附会的地方很多。但历史上不少学者，像汉代的京房、孟喜、郑康成、虞翻，都是研究《周易》的。北宋的陈抟、邵雍、朱熹，都是相信河图洛书的。到清代图书派不盛行了，但是像惠栋、张惠言、焦循这些研究《周易》的著名的学者、权威，他们也或多或少受汉代象数派的影响。所以对象数派等不可能一概抹杀。

二是我们的研究应该尊重、参考前人的成果。比如，清代对易学的研究，像黄宗炎的《易学辨惑》、胡渭的《易图明辨》，三拳两脚便把图书派打倒在地，证明先天太极图既非伏羲所作亦非龙马神龟所负出，而是宋初道士陈抟玩弄的把戏。他们的方法、他们的证据相当坚实有力，达到了较高的水平。当然，他们也有静止、孤立地看问题的毛病，但他们的成果则是多年来学术界所公认的。再比如，像陈抟、种放、邵雍等，他们对河图洛书起了什么作用？河图洛书、先天后天、太极图书这些概念是远古就有的呢，还是后人附加的呢？这些带有神话色彩甚至带有迷信色彩的学说，它在文化学上面有什么意义？怎样进行科学的解释？这些都需要很好地研究。我们要超越前人，就要在前人的基础上超越，而不能回避他们的研究成果。

三是要科学地评价《周易》。《周易》是一部非常重要的书，包含着深刻的智慧、丰富的内容。但是《周易》也有它的局限性，因为这毕竟是人类早期的一部作品。《周易》成书的时代众说纷纭，但至少是文明早期的作品，它固然表现了深刻的智慧，但和占卜联系在一起，又有迷信的外衣，再加上后人的附会、后人的臆测、后人的伪造，就更为复杂。所以，这部书既有精华（这是非常明显的），也有糟粕。我们使用《周易》、研究《周易》，一定要用一种非常慎重、非常严肃的态度，一定要有科学的头脑，取其精华，弃其糟粕，不要轻易相信一些伪书、伪说，不要随意进行主观臆测。读古书有时会食古不化，有时会不知不觉地下意识地成了古人的俘虏。我想特别是研究《周易》、河图洛书，本来它的内容精深玄奥，又带有迷信成分，就更应该小心。我们要防止把《周易》研究庸俗化，要排除它的迷信成分，排除它的神秘性的东西，不要把它与算命、打卦、看相、测字这一类混为一谈。如果这样，就不是研究《周易》，不是继承《周易》，而是糟蹋了《周易》，糟蹋了民族文化。现在社会上研究《周易》的人很多，但是有少数人的态度是不科学的，我们应当引以为戒。我看到许多学者把《周易》的研究跟现代科学衔接起来，运用现代科学以解释《周易》。这些解释能否成立，是否已经得到确证，可以讨论，但这种态度、这个路子是对的，应该坚持。

三、河洛文化的内涵

河洛文化的内容非常丰富，根深叶茂，包括各个领域。首先，从远古的发掘和传说方面来说，由早期的裴李岗文化起，到仰韶文化、龙山文化、二里头文化，夏、商、周的遗存可以说是星罗棋布。二里头的新发现可和炎黄时代相联系，这是研究中华文化起源的一个重要线索。传说中的炎帝、黄帝在这个地区活动。新郑是黄帝的出生地，黄陵（一说在河南灵宝）是黄帝的墓葬。一个在河洛之东，一个在河洛之西，中间就是黄帝活动的地区，这是显然的。炎帝也在这儿活动，炎帝的出生地离这里不远，在湖北的随州。夏、商、周均在这里定都，《史记·封禅书》说："昔三代之居，皆在河洛之间"。这反映了河洛地区是夏、商、周先辈们活动的中心地区。稍稍往后，说到《诗经》，这是我们中国诗歌的始祖。《诗经》中很多篇产生于河洛地区。如果做一下《诗经》地望的统计，河洛地区应该是首屈一指的。《国风》中著名的郑、卫之风当然是河南的作品。"二南"（周南、召南）中可能很多也是产生在河洛地区的。再往后到春秋战国。春秋战国时期中国文化格局有了一个大变动，除了河洛地区以外，周围地区的文化也蓬勃发展起来了。东边是齐鲁，孔夫子的地方；南边是楚文化，灿烂辉煌；西边是秦陇文化；东南是吴越文化；北方是燕赵文化，晋文化。就是这时，处在中心的河洛文化仍然处于文化前列的地位。道家文化产生在这里，老子就是在洛阳管理图书的，《道德经》可能也是在这里写成的。法家创始人韩非是韩国公子，本地人。纵横家中的鬼谷子、孙膑、庞涓以及苏秦、张仪都在这里活动，这个地方确实是人杰地灵。尽管文化格局有了大的变动，它在百家争鸣中却继续充满着活力，继续在发展。

其次，在秦汉以后，河洛文化仍然是充满光辉的。我们可以从几个方面来说明：

第一个方面，汉唐以下的文化遗产，包括地下的遗存、地面的遗存，寺庙建筑、古墓葬、古城址、古器物、碑刻、壁画等，在河洛地区不可胜数。洛阳有座古墓博物馆，不仅在全国绝无仅有，而且在全世界也是屈指可数的。洛阳有唐代墓志铭5 000块以上。这样多的墓志铭可以填补历史上记载的许多空白，因为很多史书记载或者是不很详细，或者是不很准确的。至于古器物，像陶器、瓷器、青铜器、唐三彩等，更为丰富。这些重要的文化遗产，具有巨大的历史价值和艺术价值。

第二个方面，从学术史的角度来讲，中国历史上有两个重要的学派，一个是汉学，一个是宋学。这两个学派都跟河洛地区有很大的关系。汉学指汉朝特别是东汉的贾逵、马融、许慎、郑康成这一批人，这些学者的活动地区就在洛阳。都城洛阳当时的太学生最多时达到 30 000 多人。汉学是一个重要的学派，源远流长，影响很大，它们的经学研究一直成为后世的经典。宋学早期的代表人物二程（程颐、程颢）就是洛阳人。所谓濂、洛、关、闽，洛是宋学的一个重要的源头。宋代理学对中国的影响很大，对中国文化传统、对塑造中国民族性格起了重大的作用。当然，这个作用是正面的呢，还是负面的呢？如何公正地、实事求是地评价，是另外一个问题。这里我只是说明汉学和宋学两大学派跟河洛地区有密切关系，或者说是河洛地区孕育了、产生了这两大学派。

　　第三个方面，从文学和史学的角度来讲，河洛地区也有重大的贡献。中国的一部文学史，如果除开河洛地区，那就黯然失色。前面说过，《诗经》的许多篇章都是产生在河洛地区的。到了汉代，贾谊、枚乘，以至汉末的蔡邕、曹植，这些文学家都在河洛活动；这里还有既是科学家又是文学家的张衡。曹植的《洛神赋》是在洛水写成的。河南巩义有个竹林镇，"竹林七贤"好像也应该是在这一带活动。晋代左思作《三都赋》，一时"洛阳纸贵"。到了唐代，众多的诗歌大师、文学大师都出在河洛地区，可以说是群星灿烂。杜甫是巩县人，韩愈出生在黄河边上的孟县，元稹、刘禹锡是洛阳人。白居易虽然不是洛阳人，但是他的墓在洛阳，洛阳的香山寺是他建的，所以又名白香山。李贺是宜阳人，李商隐是沁阳人，画家吴道子是禹县人。在河洛地区，为什么会在这样一个不算长的时期之内出这么多名人？这种文化现象很值得我们研究。史学方面，像班固、班彪，他们是扶风人，但是在洛阳修史。司马光的《资治通鉴》是在洛阳写的，原稿曾在洛阳存放相当长的时间。此外，像修《后汉书》的范晔，修《南史》《北史》的李延寿，《续汉书》的司马彪，修《旧唐书》《旧五代史》的薛居正等，都是著名的史学家。河洛地区无论是文学还是史学以及绘画艺术都称得上大家辈出。

　　第四个方面，从宗教方面来讲，河洛地区也很丰富，很有特色。中国最早的白马寺，是迦摄摩腾、竺法兰讲经的地方，白马驮经，佛教开始传入中国。鲁殿灵光，岿然独存。龙门石窟更是佛教的三大艺术圣地之一，巩义石窟也达到很高的水平。还有全国闻名的少林寺，也在这里。《洛阳伽蓝记》上记载了北魏时期洛阳的寺庙，一共有1300处之多。洛阳是佛教的文化中心，著名的高僧玄奘就是偃师人。

从上述可见，河洛文化源远流长，内涵丰富多彩，涉及哲学、文学、宗教、艺术、建筑、民风习俗等诸多方面。我们真可以写一部《河洛文化史》，从一个地区比较集中地考察我们中华文明产生、演变、发展的过程，这对于弘扬民族文化会起到重大作用。

四、河洛文化的衰落

北宋以后，河洛文化中衰。为什么衰落？有学者提出三个原因：第一，游牧民族进入中原，游牧民族与农耕民族的斗争，辽金的统治造成河洛文化的衰落；第二，水耕农业代替了旱耕农业，南方经济上去了，经济中心南移，河洛经济衰落了；第三，理学的束缚。

我认为第二个原因是主要的。南方经济的发达，经济重心的南移，必然带动文化重心的南移。经济重心的南移比较早，中唐以后，实际上南方经济已经超过了河洛地区。但文化重心的南移，还晚了一段时间。由于经济重心的南移，使得河洛地区逐渐在文化上失去了中心地位，从此一蹶不振。因此，可以说，文化的发展，必然要有经济支持，没有经济的支持，文化就不可能得到发展。游牧民族进入中原，对文化造成影响，这样说有一定道理。但我认为不是主要原因。如果说河洛文化的衰落是由于辽、金、元的统治，那么，西晋以后，永嘉之乱、"五胡乱华"，同样也是游牧民族进入中原地区，也是游牧民族统治河洛（统治了几百年），河洛文化为什么还保持着兴盛状态呢？像巩义石窟、龙门石窟都是那个时候修造的。特别是到了唐代，很快就复兴了，达到了更辉煌的高峰。可见，游牧民族的进入不会导致文化的必然衰落，经济衰落才是文化衰落的真正原因。另外，理学的兴起，似乎更难解释为河洛文明衰落的原因。

理学是否能有那么大的束缚作用，且置之不论。我想，理学虽然是在河洛地区产生的，但是它的成熟、发展则是全国性的。除了濂、洛、关、闽四个地区以外，又有江西的陆象山、浙江的王阳明、广东的陈白沙、湖南的张栻这样一些人。宋明理学遍布全国，并不是河洛地区一个地方所独有。理学的南移，通过杨时、蔡元定、朱熹传到福建，恰恰造成了福建文化的振兴。同样是理学，为什么在河洛地区起到束缚阻碍作用，而到福建反而起到振兴作用呢？再如，明清时代，文化的发达地区是江浙，而江浙恰恰是理学盛行的地方。王阳明是浙江人，泰州学派是在江苏。所以，用理学束缚来解释河洛文化的中衰是不容易说通的。

河洛文化与中华文明[*]

中华民族的文化经历长时期的发展，经世世代代创造积累，逐渐丰满充实，根深叶茂。从整体上说，中国文化在东亚独树一帜，光辉灿烂，具有特色，是人类文明中的奇卉丽葩；而分别地说，中华文明在各个时代和各个地域有不同的形态，汉唐文化有别于明清文化，中原文化有别于边疆文化，汉族文化有别于少数民族文化。中国各地区的文化，同中有异，异中有同，既有共性、普遍性，而在不同时段与不同空间，又呈现缤纷的特色。要深入研究中国的古代文明，既要从整体上把握其共性，又要分门别类，具体分析，去把握其在不同时段、不同地区中的存在形态，理解其历史性和区域性，这样才能深入领会中国文化的精髓和丰富内涵。

近年，区域文化研究势头正盛，对河洛文化的讨论也很是热烈。大家各抒己见，畅所欲言，提出了新见解、新材料，通过对河洛地区文化内容的探讨去认识中国的伟大文明。这种研究当然很有意义，对区域文化进行精深的个别研究，将大大有助于加深对中华文明的整体认识。

以下，提出一些粗浅的看法。

一、河洛文化的地位和作用

河洛地区包括什么范围？我同意陈有为先生所说的大体上是黄

　＊　原载《炎黄文化研究》，1994 年第 1 期。

河中游、洛水流域，包括伊、洛、瀍、涧诸河，也可以包括豫中、豫南。如何划定河洛地区的四至，这一点请河南的同志考虑，我对这里的山川地形不熟悉，说不出所以然。究竟范围稍大一点，还是稍小一点，这个问题可以继续研究。但是有一种意见认为区域文化只存在于秦统一之前，秦朝统一之后就不存在区域文化，所以河洛文化是指先秦时代产生在这一地区的文明。这个意见也有它合理的因素，即是说秦统一之后，文化的区域特色相对减弱了。但我不同意从此以后区域文化完全消失，因为中国是一个疆域辽阔、民族众多的大国，政治、经济、文化的发展极不平衡，即使在政治上统一了，但经济上并未拉平，文化上也各有特色，文化水平的高低、文化风格的差异，并不因为政治上的统一而就此消失。譬如我们经常讲的岭南文化、闽台文化、吴越文化、湖湘文化并不仅仅指其先秦时代，更主要的是指秦汉以后，甚至还有的区域文化形成于近代，如所谓"海派"文化，显然形成于上海开港之后。当然，区域文化是属于全国文化的一部分，各个区域文化有共性，它们联结成为一个不可分割的整体即是中华文化，但又各有个性，这种不可抹杀的个性，使得中华文化更加绚丽多彩。

河洛文化即是一种重要的区域文化，它在中华文化中占有非常重要的地位，它是中华文化的重要源头之一，并且在很长时间内曾处于领先和核心地位。河洛文化历史悠久，内涵丰富，影响深远。其新石器时代文化从裴李岗文化、仰韶文化、龙山文化到二里头文化，前后相接，形成连绵不绝的文明发展序列。在远古的中国，河洛地区的经济、文化处于领先的地位，这块土地养育了中华民族的先祖，影响了世世代代的中华民族子孙，这里的先进文化向周围地区传播辐射，谱写了中华文明早期的光辉篇章。河洛地区是中原之地，古称中州，四通八达，远古以来一直是中华民族活动的中心地区。据最近透露的消息，二里头有了重大的考古新发现。发现最早的宫殿遗址距今约 5 000 年以前，也就是相当于炎黄时代的都城，或者说是远古都城的雏形，相传为夏代都城斟鄩以及商早期的都城，周公、召公在洛阳营造王城和成周，所谓"我乃卜涧水东，瀍水西，惟洛食"。以后周平王东迁于此，尽管东周衰微，其他各地文化发展起来了，但周天子所在的洛阳在大家心目中仍是政治、文化中心。楚国强大，楚庄王向中原扩展势力，称霸宇内，先后征伐陈、蔡、郑、宋等国，陈兵洛水，询问周九鼎的大小重量，大夫王孙满答复楚庄王"在德不在鼎……桀有昏德，鼎迁于商，载祀六百。商纣暴虐，鼎迁于周。……成王定鼎于郏鄏，卜世三十，卜年七百，天所命也。周德虽衰，天命未改，鼎之轻重，未可问也"。所谓成王定鼎的郏鄏即是洛阳地区，这里是九鼎的宝地，楚国虽然兵强马壮，但跑到这里来觊觎九鼎，还不够资格，楚庄王碰了一个大钉子，可见九鼎和周室所在的河洛地区是人人注目的中心，孔子则说："如有用我者，吾其为东周乎。"可见东周和九鼎所在河洛地区的重要地位。此后东汉、曹魏、西晋、北魏建都于此，隋唐都城虽在长安，但洛阳是陪都，故称东都。特别是隋炀帝开通运河，役百万人扩建东都，这里更是繁华绮丽，人文荟萃。五代的后梁、后唐也建都于此，故洛阳史称"九朝帝都"。由于河洛地区的重要性，故河洛文化是中国古文化的源泉和核心之一。它对周围地区的文化发展影响很大，这里的先进文化向各地传播渗透，具有强大的辐射作用，又能吸收包容周围地区的文化，具有凝聚融合作用。这里在很长的时期内，仿佛像个文化的旋涡，同时具有向内聚吸和向外抛射的强大力量，推动着中华古文明的交流和发展。

二、关于河图洛书

河洛文化内容非常丰富，处处闪耀着光彩，能够引起历史的遐想。这次会议上提供的研究成果，有考古发掘的，有文献探索的，有实地调查的，真是琳琅满目，美不胜收。大家关心最多的是河图洛书，这是讨论的热点。什么是河图洛书？有的说是气象图，有的说是地理方位图，有的说是天文星辰图，有的说是数学公式，有的说是古代祭天的典礼，有的从考古学上解释，把它和安徽含山出土的玉版图相比较，也有的说太极图是黄河、洛河交汇处形成的清浊分明的水流旋涡，大家都力图寻求更多的根据来解释河图洛书之谜。我对河图洛书并无研究，但对这个问题饶有兴趣，认为可以继续探讨争论，真理将愈辩愈明。

对此，我粗浅的体会是研究《周易》和河图洛书，对历史上的象数派、图书派还不能简单否定。象数图书之学虽然有很多烦琐枝蔓和伪托臆说，但很难一概抹杀。当然，黄河、洛水中忽然冒出图和书，谁也不会当真看待，认为这是神话。但这一种神话被古人长期传说，究竟包含什么样的文化意义？《易·系辞》所说"河出图，洛出书，圣人则之"，《论语》所说"凤鸟不至，河不出图"，《竹书纪年》记载黄帝在河洛"修坛沉璧，受龙图龟书"，以及《礼记》《管子》《太玄》等大量古代典籍中都提到了河图洛书，至少古代人的观念里深印着"河出图，洛出书"的故事，如何进行解释？这个问题值得提出来进行研究。《周易》研究中从来有象数派与哲理派之分，所谓象数派是从宇宙万物的形象和抽象的数理来解释《周易》，表述其宇宙观和社会观，这在汉代学者中最为盛行，其末流搞得烦琐冗杂而且夹杂谶纬迷信思想。汉以后的义理派以王弼为代表，一扫象数派的弊病，从哲学思想上解释《周易》，探究世界和社会的本质问题。宋代又产生了图书派，讲所谓先天、后天、太极诸图。自从朱熹的《周易本义》中首列九图，图书派盛行了几百年，争讼不休。欧阳修对图书派就产生了怀疑，到黄宗炎的《易学辨惑》、胡渭的《易图明辨》，攻讦纷起，三拳两脚把图书派打翻在地，证明先天太极图既非伏羲所造，亦非龙马神龟带来，而是宋初道士陈抟等玩弄的把戏，并非儒学正宗。黄宗炎、胡渭等考证辨伪功不可没，证据确凿，立论有力，其学术成绩是大家公认的。谈河图洛书必须尊重清代学者的考据成果，在前人的研究基础上继续前进才能超越前人。带有神话色彩的古代图书传说在文化学上有什么意义？因何在后来衍出一个图书学派？又如陈抟、种放、邵雍、刘牧以及周敦颐这些人在创立图书学派方面起了什么作用？图书派对宋代理学以及中国人思想心态带来什么影响？对图书派不能因其作伪而不屑一顾，因为它毕竟是中国文史上一大公案。同时对黄宗炎、胡渭以及清儒的其他重要著作必须尊重，研究易学而不尊重已有的成果将使我们劳而无功，甚至走入歧途。《周易》是一部非常重要的经典，包含着古人深刻丰富的思想，但本身亦有其局限。它是文明早期的作品，又和卜筮联系在一起，在神学的外衣下孕育着深刻敏睿的智慧，同时又有后人的附会臆测。对待这部书要很慎重，态度要严肃，"取其精华，弃其糟粕"，不要轻易信从伪书伪说，不要附加主观臆想，特别要排除其迷信和神秘的部分，不要把《周易》研究与算命、卜卦、看相、测字混在一起。同时还要注意防止把《周易》研究庸俗化、神秘化，必须坚持实事求是的科学态度，使《周易》与"图书学"的研究沿着健康的道路得到发展。

三、关于河洛文化的内涵

河洛文化的内容很丰富，首先在远古发展和传说方面有很多研究课题，中国跨入文明门槛的仰韶文化，最早即发现于离此不远的渑池县仰韶村。仰韶文化分布地区广阔，代表着我国文明发展的一个漫长阶段。

二里头附近发现史前时期的宫殿遗址，也许可以和炎黄时代联系起来，是探讨文明源头的重大线索。传说中的炎帝和黄帝都在河洛附近频繁活动，黄帝诞生于新郑，其陵墓在陕西，但一说在河南灵宝。此地发现的夏商周遗存星罗棋布，不可胜数，《史记·封禅书》记载"昔三代之居，皆在河洛之间"，表明这里是古代文明发生的源泉。

稍稍在后的《诗经》是中国古代文学的瑰宝，许多篇章产生于河洛地区，从二雅到郑、卫国风，大多是河南地区官方和民间的诗歌乐章，如果把《诗经》篇目做一个地理统计，河洛地区的作品必当首屈一指。

春秋战国时，中国文化格局发生重大变化，"学不在官府"，河洛之外的区域文化如齐鲁文化、荆楚文化、吴越文化、燕赵文化、秦陇文化等蓬勃发展。但处在中枢的河洛地区在百家争鸣中仍保持旺盛的生命力，老子的《道德经》即著作于此地，他虽非河洛人，但长期在洛阳管理周室图书，孔子也曾来问学，以后老子骑牛出关的函谷关就在附近的灵宝县境。

法家的创始人韩非是韩国公子，本地人，纵横家鬼谷子、孙膑、庞涓、苏秦、张仪都在这个地区活动。如果把视线转向秦汉之后，河洛地区继续在文化上领先，我们可以从各个方面分别进行考察。

第一个方面，是汉唐以后河洛地区的文物非常丰富，包括墓葬遗址以及建筑、碑刻、器物、壁画，多得不可胜计。洛阳的古墓博物馆集中了汉至明清的许多陵墓文物，是全国以至世界上少见的。洛阳保存唐代墓志铭有 5 000 块以上，大大补充了历史记载的薄弱或空白环节，许多陶器、瓷器、青铜器及其作坊遗址，具有重要的研究价值。因此河洛文化不仅对研究中华文明的源头很重要，而且对研究汉唐后的文化也是很重要的。

第二个方面，从学术史的角度而言，中国学术上的两大学派即汉学和宋学，都在河洛地区酝酿、生长和形成。汉学主要指东汉的贾（逵）、马（融）、许（慎）、郑（玄），他们群集于当时的首都洛阳，这里有很多学术机构，如兰台、东观、白虎观、鸿都门、太学，都是文人学者讲学研经的场所，据说太学的讲堂长十丈、广三丈，太学生三万人，可见其学术的盛况。汉灵帝召诸儒刊定《熹平石经》，成为学术界的标准定本，"后儒晚学咸取正焉。及碑始立，其观视及笔写者千余人，填塞街陌，其碑为古文篆隶三体，立太学门外"。汉学大师都在这里讲经授徒，东汉的洛阳无疑是学术中心。

历史上另一个重要学派宋学也和洛阳结下了不解之缘。宋学代表程颢、程颐是洛阳人，当时二程之学号为"洛学"，洛学是宋学的中坚。提出先天后天、太极无极的陈抟、邵雍等也长期在洛阳活动。后来宋学才传到南方去，出现了朱熹和陆九渊。总之，河洛地区曾经孕育了汉学、宋学这两支中国学术史上的劲旅。

第三个方面，从文学上来考察，前面已经说到《诗经》的很多篇章产生于河洛地区。汉初的贾谊、枚乘，东汉的班固、张衡、蔡邕，都在这里活动；建安诗人曹植在这里写过《洛神赋》，曹丕的《典论》在这里刻石；巩义市郊有个竹林镇，是阮籍、嵇康等"竹林七贤"饮酒放论的地方；洛阳市内有金谷园，潘岳、左思、陆机、陆云等"金谷廿四友"在此论文会友，左思作《三都赋》使得"洛阳纸贵"。这些文坛故事使人缅怀当年的文化昌盛。唐代这里更是腾蛟起凤，俊才辈出，被誉为"诗圣"的杜甫即是巩义人，他的塑像矗立在我们这个会场的不远处；文起八代之衰的韩愈是孟县人，和此地也仅一河之隔；白居易虽非河洛人，却长期住在洛阳，《新唐书》说他"东都所居，履道里，疏沼种树，构石楼香山，凿八节滩，自号醉吟先生"，他死后也葬在洛阳。其他如元稹、刘禹锡是洛阳人，李贺是宜阳人，李商隐是沁阳人，名家云集，一个文化区域在短时期内产生这样多的知名人物实属罕见。

第四个方面，是历史学。东汉班彪、班固、班昭在洛阳修《汉书》，司马光罢职之日，与一批史学家也住在洛阳修《资治通鉴》。河南的史学家不少，修《后汉书》的范晔，修《南史》《北史》的李延寿，修《旧唐书》《旧五代史》的薛居正以及司马彪、宋祁等多为河洛地区人。

第五个方面，研究中国宗教史不能不提到洛阳。东汉时佛教从西域传来，第一个落脚点就在洛阳，洛阳白马寺即当年迦摄摩腾、竺法兰讲经宣教之所，这是保存下来的最早的佛教寺庙，鲁殿灵光，弥足珍贵。龙门石窟是中国三大佛教艺术圣地之一，从北魏至隋唐营造 400 余年，佛像 10 万多尊，为我国文化艺术之瑰宝。巩义的石窟寺规模虽小，但造像亦很精致，还有全国闻名的少林寺，是中国武术所出。杨衒之的《洛阳伽蓝记》记载北魏时洛阳寺庙之多达 1 367 所。唐代最著名的法师玄奘即是偃师人，小时候在巩义出家剃度，还有名僧支遁是陈留人，神秀是开封人。

第六个方面，洛阳的园林建筑也名噪全国。东汉有上林苑、芳村苑、灵囿等，魏明帝时开挖陂池，著名科学家马钧在此制作"水转百戏"。西晋石崇的金谷园极为有名，在汉魏古城西北的金谷涧中有

"清泉茂林，众果竹柏"。隋炀帝在洛阳建西苑，范围广袤"周二百里"，苑内沿龙麟渠建16所宫院。唐高宗和武则天时，洛阳的街市繁华与园圃之富丽，不逊于长安，读徐松《唐两京城坊考》可证。宋代的洛阳也是名流荟萃，园林甲天下，李格非《洛阳名园记》记载富豪董氏建筑的"东园""西园"花木繁荣，景色最胜，故而苏辙说洛阳"园圃亭观之盛，实甲天下"。

第七个方面，从中外文化交流的角度看，洛阳也起过重大的作用。这里作为九朝帝都，居住着一批从四面八方来的外国人，他们学习中国文化，自然也带来了外国外地的文化，促进了中国与周边国家的文化交流，如北魏建都于此，集中了许多外国人或周边各民族，"东夷来附者处扶桑馆，赐宅慕化里"；"西夷来附者处崦嵫馆，赐宅慕义里"；"四夷慕化之民万余家别立市于洛水南，号四通宅"（《河南志》卷二），这是北魏的情况。推想汉唐两代交流的情况更加频繁兴盛。

从以上七个方面粗略来看，已能瞥见河洛文化具有十分重要的地位和十分丰富的内容。其领域广阔，缤纷多彩，既可以追溯中华文明之源，亦可以窥探中华文明之流。如果写一部《河洛文化史》，将是一部包罗广阔、富有特色的书籍，可以从一个地区比较集中地看到中华文明的产生、演变、推广，这对弘扬民族文化将会起到重要的作用。

四、河洛文化为什么衰落

宋代以后，河洛文化明显衰落。有的先生分析探讨其衰落的原因，一是北方民族入侵，统治中原地区；二是宋代理学兴起，束缚了文化的发展。我感到这两个原因固然也起了作用，但最重要的应该是经济上的原因。我国古代经济本来以黄河流域发展为最早，政治、文化也以中原地区为重心，经过长期的演变，长江流域的经济发展后来居上，超过黄河流域，经济重心南移，必将带动文化重心南移，河洛地区遂失去文化重心的地位。由此可见文化的发展必须有经济基础，并得到经济的支持。振兴文化事业必须以经济建设为前提。至于北方游牧民族南下，建立辽、金、元的统治，长期战争对河洛文化有破坏作用这一原因并非是决定性的。如果说河洛文化衰落是由于辽、金、元统治二三百年，那么怎么解释从西晋以后，经永嘉之乱，游牧民族进入中原统治几百年，中原板荡，衣冠南渡，河洛地区还保持光彩的佛教文明如龙门石窟，而且以后又出现唐代洛阳的文明盛况，达到非常辉煌的高峰。可见游牧民族进入中原并未造成河洛文化的衰落，而经济衰落才是决定性的原因。另外，理学兴起似乎也难于解释河洛文化的衰落，理学虽然在河洛酝酿，但它成熟发展是全国性的，所谓濂、洛、关、闽四大派遍布于湖南、河南、陕西、福建各地，以后又有江西陆象山、广东陈白沙、浙江王阳明。福建同志的发言说理学南传恰恰是振兴福建文化的契机，从杨时、蔡元定到朱熹，此后福建文化得到长足发展。为什么同样是理学，在河洛地区起了文化发展的阻碍作用，而在福建却起了促进作用呢？河洛文化中衰以后，明清时代文化比较发达地区恰恰也是理学盛行的江浙地区，可见理学对于文化中心转移不是直接原因。

　　总之，研究河洛文化，许多问题要深入探讨，也希望对各个区域文化的具体研究，能启发和加深我们对整个中华文明的认识。

清代文化概述

弹指兴亡三百载　都在清文吟唱中 *

——清代诗文简论

《清代诗文集汇编》浩瀚广博，收四千余家，录诗文不下五百万首，鸿篇巨著，洋洋大观。诗与文是我国悠久的文学体裁，唐宋最盛。而《全唐诗》仅四万首，清代诗文之多远迈唐宋，其艺术水平亦高超卓绝，可与唐宋相比肩。

文士诗人即事撰文，即情吟诗，所作皆当时当地的所见、所闻、所知、所感，真实可信。其中有军国大计、朝政庙谟，亦有战乱灾祲、民间疾苦、市井习俗，以至山水花鸟。作者据实而书，感叹沧桑，价值很高，可据以编史著作，亦可暇日吟诵，以广见闻。这是一笔丰富而珍贵的文化遗产，但清朝灭亡之后，战乱频仍，还没有来得及收集和整理。这笔浩博的文化遗产散落各地，未为人知。这次收集、整理、出版数量达八百册之多，在我国出版历史上还是第一次，也应是全世界诗文集中最为丰富的巨著。

要了解近三百年的清代诗文的全貌和特点，需要写一部厚重的《清代文学史》。这里只能做极简要之介绍，说其内容梗概，写其发展趋势。

清初是一个天崩地裂的乱离之世，干戈扰攘，中原板荡，清兴明亡，满汉矛盾成为社会的主要矛盾。汉族知识分子的心态也围绕着这一主轴而与时俱变，当时文坛上充斥着明遗民的诗文，痛家国之沦亡，斥清兵之凶残，思明亡之教训。其代表作家有清初三大儒、岭南三大家、江左三大家等。清初三大儒有黄宗羲、顾炎武、王夫之。黄宗羲以深沉的思考写出了《明夷待访录》《南雷文定》等精彩

---

* 原载《光明日报》，2010 年 1 月 19 日。

篇章，突破了君臣之间的纲常伦理，宣称"为天下之大害者，君而已矣"！顾炎武写《日知录》《天下郡国利病书》，针对明末贫富不均、土地兼并，主张"均田""均赋"。王夫之在《思问录》《周易外传》中提出唯物主义以及变化、矛盾的哲学观点。他们在诗歌方面贡献亦多，如顾炎武写"感慨河山追失计，艰难戎马发深情"（《海上》），黄宗羲写"顽石鸣呼都作字，冬青憔悴未开花"（《寻张司马墓》），王夫之写"家国遥睇怜征雁，溪路含愁听早莺"（《山径》），抒发了思念故国的深情。

岭南三大家为屈大均、陈恭尹、梁佩兰，最突出的是屈大均，他长期跋涉远游，"所目击者宫阙、陵寝、边塞、营垒废兴之迹，故其词多怨伤慷慨"（卓尔堪：《明遗民诗》）。他一直活到康熙中叶，当清朝收复台湾时，他还从失去复明基地的角度出发，写了"茫茫一岛是天留，父子经营作首丘。……恨绝生降虚百战，桓文事业委东流"。

江左三大家，即钱谦益、吴伟业、龚鼎孳，他们则是另类的遗民，一度降清，后来内省忏悔，悲怨深切，形之于诗。钱谦益是当时诗坛的领袖，降清不久即归乡家居，写下"周室旧闻迁金鼎，汉宫今见泣铜驼""林木犹传唐痛哭，江云常护汉衣冠"。当郑成功举反清义旗进长江、围南京时，各地响应，钱亦喜极欲起，仿杜甫《秋兴诗》写诗一百多首，歌颂欢呼。陈寅恪称："《投笔集》诸诗摹拟少陵，入其堂奥……诗中颇多军国之关键，为其所身预者。《投笔》一集实为明清之诗史，乃三百年未有之绝大著作也。"

吴伟业也是失节仕清的诗人，著《梅村集》，其中《圆圆曲》《永和宫词》《松山吟》皆为书写明清史事的著名诗篇。他临终时怨艾自责，写《贺新郎》一词，云"故人慷慨多奇节，恨当年沉吟不断，草间偷活，脱屣妻孥非易事，竟一钱不值何须说"，可以窥见他内心的痛苦与煎熬。

清初还有傅山、朱之瑜、侯方域、方以智、张煌言等一大批诗人文士，留下了许多诗文，吐露了自己的哀伤之情。

康熙中叶以后，朝廷致力于发展农业、奖励耕垦、蠲免租税、兴修水利，又出塞用兵，抗击俄国侵略，统一新疆、西藏，内部又团结汉族知识分子，尊孔崇儒，开博学鸿词，征召山林隐逸，满汉矛盾渐趋缓和，对立情绪消退，清朝进入盛世，诗文风气因而大变。

盛世诗人早期的代表可推王士禛，他著有《带经堂文集》，官居高位，交游广阔，极享盛名。他的诗描绘景色，指点湖山，称神韵派。他写诸如《方山道中》等诗，吟及"前山白云外，缭绕一江横。渔舍参差见，风帆自在行。烟花怜故国，湖海寄浮生。洗盏船头坐，一声沙鸟鸣"，把平凡常见的湖山花鸟勾画得清新幽雅，令人神往。

当时与王士禛对立的是赵执信，有《饴山堂诗文集》，他反对王士禛的"神韵"说，批评王"诗中无人"，主张"诗中有人，诗外有事，以意为主，言语为役"。赵的诗较注意现实，"笔力遒劲"。《四库全书总目提要》评论二人"王以神韵飘渺为宗，赵以思路劖刻为主"，很能说明他们的诗风特色。

稍后的沈德潜标榜"格调"，主张"诗之为道可以理性情，善伦物，感鬼神，设教邦国，应对诸侯"。沈著有《归愚诗钞》，他在《说诗晬语》中反对以吟咏风花雪月为事，在诗风上主张"温柔敦厚，中正平和"，他的诗较多颂圣赞德之作。

更后的郑燮，号板桥，一反"神韵""格调"之说，主张表现性情，抒写人民疾苦，他能诗善画，工书法，世称"三绝"。在山东潍县当知县时所写《画竹》一诗云："衙斋卧听萧萧竹，疑是民间疾苦声。些小吾曹州县吏，一枝一叶总关情。"

清代最有成就的诗歌改革家是袁枚，著《小仓山房诗文集》，他是雄视乾隆一代的诗坛巨擘，倡"性灵说"。他说："诗人者，不失其赤子之心者也。"（《随园诗话》）反对将诗歌作为单纯卫道的工具，主张诗可以抒写山水之景、男女之情，强调"灵感"的作用。"但肯寻诗便有诗，灵犀一点是吾师。夕阳芳草寻常物，解用都为绝妙词。"（《遣兴》）袁枚诗作，确能写出自己的生活感受，直抒性情，清逸灵巧，别具风格。如"秋深古迹诗愈健，霜满黄河浪不骄"（《题壁诗》），"如何二十多年事，只抵春宵一梦长"（《苦妾》）。

和袁枚齐名的有蒋士铨、赵翼，都是性灵派诗人。蒋有《忠雅堂诗文集》，其诗"清新蕴藉，皆发诸性情"，有句"已知豪气吞云梦，便买扁舟下岳阳"（《洞庭秋泛》），"前尘事事都难忘，不到伤怀总不知"（《题忆园》），"自喜结根依小草，不随飞茵堕苍苔"（《落花》）。赵翼有《瓯北诗钞》，他既是诗人，又是历史学家，所作《廿二史劄记》驰名于世。他曾从军远征，跋涉川黔闽粤，又扈从乾隆帝出塞行围，歌咏蒙古习俗、大漠风情。蒋士铨说他"天才卓越，又得江山戎马之助，以发其奇，兴酣落笔，雄伟奇恣，不可遍视"（《瓯北集序》）。他写诗力主创新，不蹈前人窠臼，他在诗中说："李杜诗篇万口传，至今已觉不新鲜。江山代有才人出，各领风骚数百年。"（《论诗》）

　　清代中叶，文章亦臻于极盛，诞生了桐城文派，它是中国文学史上传承最久、作者最多、影响最大的文学派别。始创于康乾时代的方苞、刘大櫆、姚鼐，下传到19世纪的梅曾亮、方东树、管同、曾国藩、吴敏树、张裕钊、薛福成、吴汝纶、林纾等，薪火相传200年之久，直到五四运动为止。据说有名可数的作家有600多人，大多有诗文集行世，故当年有"天下之文章，其在桐城乎！"之说。他们不仅有文学创作的实践，佳作如林，精彩纷呈，而且有文学理论。方苞提出"言有物，言有序"。刘大櫆标榜文章的"神、气、音、节"，姚鼐又细化成"神、理、气、味、格、律、声、色"。桐城派声势浩大，影响甚广。中国文学史上从未出现过这样大的文派。但在五四新文化运动中，它成为批判的对象，被称为"桐城谬种，选学妖孽"。这时中国社会向近代社会转型，白话文取代文言文，桐城派不能适应时代的需要，故地位下跌，一落千丈。五四运动当然具有划时代的丰功伟绩，但对传统诗文的评论具有片面性。其实桐城派文章是清朝盛世的产物，接续着中国古典文学的传统，在中国18世纪和19世纪是中国思想和知识的传播载体，也有精华和糟粕之分，应该客观正确地分析对待，不可一笔抹杀。

　　跨过清朝的乾嘉时代，中国迎来了狂暴急骤的西风欧雨，诗文的内容和形式亦随之大变。一是爱国主义精神发扬光大，充实了诗文的内容；二是学习西方文明的思潮兴起，扩展新视野，歌咏新事

物，产生新理念；三是改革与革命兴起，诗文成为改造中国、振奋
人心的武器。

近代爱国爱民的新诗文萌生于鸦片战争时，林则徐的"苟利国
家生死以，岂因祸福避趋之"，龚自珍的"我劝天公重抖擞，不拘一
格降人才"，魏源的"不忧一家寒，所忧四海饥"开其端。郑观应
有《关心时局，因赋长歌》历述了中国被侵略、被凌辱，"一自海
禁开，外彝肆跋扈。鸦片进中华，害人毒于蛊。……铁舰置炸炮，
坚利莫能拒。诸将多退怯，盈廷气消沮。割地更偿费，痛深而创巨。
何以当轴者，束手无建树"。狄葆贤有《平等阁诗钞》，则写下了
"尘海微生感逝波，沉沉大陆竟如何。睡狮未醒千年梦，野马行看万
丈过"（《秋感》）。

近代的许多诗人痛心对外战争的失败，歌颂战争中牺牲的英雄，
如贝青乔的《咄咄吟》、林昌彝的《射鹰楼诗话》、黄遵宪的《人境
庐诗钞》都脍炙人口。张维屏的《三元里》写道"三元里前声如雷，
千众万众同时来。因义生愤愤生勇，生民合力强敌摧"，热烈歌颂人
民的抗英斗争。郑观应的《闻大东沟战事感作》颂赞邓世昌"致远
鼓楫冲重围，万火丛中呼杀贼。勇哉壮节首捐躯，无悔同袍夸胆
识"，还有胡延（《蓾德堂诗钞》）歌颂左宝贵"月晕重重闻楚歌，洞
胸犹握鲁阳戈。仲由结缨那惜死，国势不张将奈何"（《左将军歌》）。
丘逢甲痛心台湾被割给日本，"春愁难遣强看山，往事惊心泪欲潸。
四万万人同一哭，去年今日割台湾"。这些诗慷慨磅礴，洋溢着强烈
的爱国主义思想。

要求清廷进行改革维新的声音也同时兴起，黄遵宪倡诗界革命，
他的诗"独辟蹊径，卓然自立"（梁启超语），赞成改革变法，"滔滔
海水日趋东，万法从新要大同。后二十年言定验，手书心史井函
中"（《己亥杂诗》）。戊戌改革的人物均善诗文，咏诗甚多，其领袖
康有为因北京不能实行改革之志，在离京南下时有诗"高峰突出众
山妒，上帝无言群鬼狞。漫有汉廷遣贾谊，岂教江夏逐祢衡"（《出
都留别》）。及至维新失败，慈禧当权，金天羽《天放楼诗集》有诗
"上林风急雁惊秋，影事天家说总愁。帝病祷祠遣蒙毅，佛慈衣钵靳

罗瞋。北军产禄兵坚握，东市膺滂血亦流。想见信宫谋议泄，武灵槁卧困沙丘"，这首诗几乎是戊戌政变的写实。

历史进入 20 世纪，局势又变，革命风潮汹涌激荡，不可阻遏，诗文成为鼓吹反清革命之锐利武器。孙中山的《革命方略》《民报发刊词》，邹容的《革命军》，章太炎的《驳康有为论革命书》，以及陈天华的《猛回头》都是驰名的革命诗文，大批知识分子走向革命，写了大量反清的诗歌文章。鉴湖女侠秋瑾以一女子，既习武，又能诗。她写的词《鹧鸪天》："祖国沉沦感不禁，闲来海外觅知音。金瓯已缺总须补，为国牺牲敢惜身！嗟险阻，叹飘零。关山万里作雄行。休言女子非英物，夜夜龙泉壁上鸣。"又写《感愤》诗："莽莽神州叹陆沉，救时无计愧偷生。抟沙有愿兴亡楚，博浪无椎击暴秦。国破方知人种贱，义高不碍客囊贫。经营恨未酬同志，把剑悲歌涕泪横。"诗词中表现了革命者爱国的情怀、崇高的追求和悲壮的风格。

辛亥革命前夕，革命诗文大量涌现，如柳亚子"希望前途竟若何，天荒地老感情多。三河侠少谁相识，一掬雄心总不磨。理想飞腾新世界，年华辜负好头颅。椒花拍酒无情绪，自唱巴黎革命歌"（《元旦感怀》），苏曼殊的"蹈海鲁连不帝秦，茫茫烟水着浮身。国民孤愤英雄泪，洒上鲛绡赠故人"（《以诗并画留别汤国顿》）。

宣统元年（1909 年），许多诗人文士在苏州虎丘集会，创设"南社"，以诗文为武器，抗击腐败的朝廷。清朝覆亡时，社员发展到200 人，以后发展到 2 000 人。南社诗风，忧国忧时，慷慨雄放，柳亚子作诗纪念称"寂寞湖山歌舞尽，无端豪俊又重来。……莫笑过江典午卿，岂无横槊建安才"。南社成立为清代诗歌做一总结，至五四运动以后，白话文和白话诗兴起，又开拓了中国诗文的新领域、新境界。

清代书法浅论*

　　有清一代，实为我国书法史上之繁荣期，名家辈出，佳作如林，千枝竞秀，百舸争流，书法艺术极其丰富多彩。大体上，乾隆以前，帖派独盛，书法家远祧二王（羲之、献之），追摹唐贤，归于赵、董（赵孟頫、董其昌），继承传统，发扬光大，各具风格。乾嘉以后，碑派崛起，书法家搜求临摹鼎彝碑版，开辟创新，另成蹊径，篆隶真草，诸体大备，达到了书法史上的高峰。

　　所谓"帖派""碑派"，其分野始于晋室东迁。江左士族，雅擅风流，羲之、献之，为书派南迁之祖，唯南朝不尚碑刻，文字均写于缣帛，皆谓之"帖"。南帖派疏放妍妙，长于书牍，而篆隶古字，多所变更。北碑派则推崇索靖、崔悦，由于北朝刻碑勒铭之风气盛行，字体古质遒劲，长于碑榜，字体犹存古法。故南帖、北碑实由于时代、地区之不同，书写载体不同，书法之体裁风格亦迥然不同。唐太宗极喜王羲之书法，南帖遂掩北碑而上，但唐代书法家尚多识古碑，兼习南北书体，故卓然多书界之宗师。自宋刻《淳化阁帖》出，帖学更广泛流传，而汉魏碑碣掩埋于荒草黄沙之中，逐渐磨蚀。故宋元于书法家独尊南帖，其所见碑版亦不多。清代前期，承历史遗绪，唯尊南帖。尤其是康熙皇帝酷爱明末董其昌的书法，董其昌书疏淡秀逸，为帖学的集大成者。"上之所好，下必有甚焉"，董的书法，为当世所重，他刻的《戏鸿堂法帖》风靡海内。至乾隆皇帝又爱好元代赵孟頫书，一时圆润清丽的赵体字又大行于世。乾隆帝刊勒《三希堂法帖》收集魏晋至明末书法家135人，分为32册，而赵帖占5册，董帖占4册，两人已占全部篇幅的28%，可见清前期

　　* 原载《中国文化》，1997年第15、16期。

宗尚赵、董的时代风尚。晚清碑派兴起，力诋帖学，集矢于赵、董。如郑孝胥称要"以萧散宏远，涤赵、董之侧媚"，又说"国朝竞学董，阉然如乡愿"（《海藏书法抉微》）。康有为则称元明书法，多出赵孟頫之门庭，"姿媚多而刚健少"，又称董其昌"俊骨逸韵，有足多者。然局束如辕下驹，寒怯如三日新妇"（《广艺舟双楫》卷二）。碑派所说固然也抓住了帖派的某些弱点，但门户之见太深，贬斥异己，一笔抹杀，未必公正。平心而论，北碑派未必都是好字，南帖派也未必都是劣书，北碑南帖，各有特色。"短笺长卷，意态挥洒则帖擅其长；界格方严，法书深刻，则碑据其胜"（阮元：《北碑南帖论》）。环境和风气对艺术的体裁、风格产生决定性的影响，很难以不同体裁和风格简单地论定艺术之优劣高下。北碑南帖是不同时代的产物，代表不同的艺术风格，雄浑质厚和俊逸妍秀的艺术品可以并存，体裁和风格的多样化正是清代书法艺术繁荣的表现，而不是信崇汉魏，就一定要贬低宋元明，推尊北碑就必须把南帖说得一无是处。

由明入清，最著名的书法家是王铎、傅山、朱耷、朱彝尊。王铎，河南孟泽人，南明弘光朝东阁大学士，在南京迎降清兵为士林所不齿，然书法极佳，董其昌为明末"书圣"，王铎比董小35岁，而书名与董并称。当时著名学者黄道周曾对他逾扬备至，称："行草近推王觉斯（王铎）。觉斯方盛年，看其五十自化，如欲骨力嶙峋，筋肉辅茂，俯仰操纵，俱不由人。抹蔡（襄）掩苏（轼），望王（羲之）逾羊（欣）"（《石斋书论》），评价极高。但因王铎屈节事清，书名掩而不彰。与王铎齐名的书法家傅山，山西阳曲人，字青主。他为人与王恰好相反，傅山极重气节，清廷征召不就，以黄冠终老。他的诗说："作字先作人，人奇字自古。纲常叛周孔，笔墨不可补。"故傅山论字，推崇唐颜真卿，因其立朝正直，抗叛死节，而鄙视赵孟頫，因其以宋之宗室，出仕于元，谓赵字"熟媚绰约，自是贱态"（《霜红龛书论》）。当时人极称赞傅山的书法："行草书皆登宋人之堂，隶则中郎（蔡邕）以后，罕见其匹"（陈玠：《书法偶集》）。朱耷，南昌人，明宗室，晚号八大山人，善书画，遍临诸家法帖，善用秀笔，笔圆力重，拙中见巧，有晋唐人书风。另一位大书家朱彝尊，浙江秀水人，为博学多才的学者，既精经学，所著《经义考》为世所重。其诗词与王士禛、陈维崧齐名，其文章与魏禧、汪琬齐名。《桐阴论画》称"竹垞（朱彝尊）古隶，笔意秀劲，韵致超逸"，他精研隶书，把汉隶分为"方正""流丽""奇古"三种不同风格，为清代讲习汉隶的第一人。另一位也以书写汉隶知名的郑簠，南京人，字谷口。明亡不仕，家世业医，致力书法。自称"弱冠时，见闽中宋珏隶书颇奇，心悦而临仿之，学二十年，日就支离，去古渐远，深悔不求原本。转而直学汉碑，日夕临摹三十年，自得朴拙奇古之妙"。他和朱彝尊一起研究汉隶。在董其昌书风笼罩的艺坛上，朱、郑不满足于雷同划一之书体，努力别寻路径，虽尚未能开宗立派，自成壁垒，但其识见高远，振聋发聩，对以后碑派书法的崛起，有相当的影响。

　　清代前期，书法界人才鼎盛，竞呈才华，多尊崇董其昌，善行草书，以秀逸多姿见胜。其中魏裔介行书，"笔意洒脱，自饶古韵"；查士标书法精妙，"得董宗伯（其昌）神髓"；尤侗"书法有天趣"；汪琬书"在颜苏之间"；杨宾书"圆韵自然"；王士禛"书法高秀似晋人"；赵执信书"秀逸多姿"；查昇书"含蓄有致"；李光地书"妙在疏散而有风神"；林佶书"绰约可喜"。这些人的书法大多接近董其昌的风格，婉秀有余而劲挺不足。康熙中的江南三书家，姜宸英、陈奕禧、何焯颇有盛名。姜宸英，浙江慈溪人，号西溟，为清初著名散文家，字体摹法羲、献、米、董，莹秀悦目。有人评论"苇间先生（姜宸英）每临帖多佳，能以自家性情，合古人神理，不似而似，所以妙也"（梁同书：《频罗庵论书》）。"姜学晋人，用笔蕴藉，吻肩不露，结体亦高雅，不踏时蹊"（徐用锡：《字学札记》），但批评姜字"笔笔拆开看，有未足处"。陈奕禧为海宁望族，家藏碑拓甚多，习学既勤，见闻广博，他是王士禛的学生，王说："门人陈子文奕禧，号香泉……诗歌、书法著名当世。其书专法晋人，于秦汉唐宋以来金石文字，收藏尤富，皆为题跋辨证。米元章、黄伯思一流人也"（王士禛：《分甘余话》）。也有人批评"陈知用笔，点画有功，只好古字，反坠河北毡裘气"（《字学札记》）。当时书家均擅小楷而陈善写大字条幅。何焯，苏州人，号义门，学识渊博，楷书学欧阳询、文徵明，得其神韵。他和另一书家杨宾曾经在陆氏明瑟园中比赛写字，各逞所能，"是日，少长咸集，群聚而观，诧为盛事，凡四日而罢"（杨宾：《大瓢偶笔》）。也有人评论何焯的字，"自己面目少，塌着笔描字，不是提着笔写字"（《字学札记》）。

至18世纪，清朝承平日久，修文崇学，书法艺术颇兴盛。因董其昌的字体过于柔弱，不适应清中叶升平盛世的气象，故赵孟頫的书法流行于时，形成"香光（董其昌）告退，子昂（赵孟頫）代起"（马宗霍：《书林藻鉴》）的局面。乾隆帝本人喜爱文墨，摹写赵字，他的书法秀美潇洒，珠圆玉润。所谓"高宗袭父祖之余烈，天下晏安，因得栖情翰墨，纵意游览，每至一处，必作诗纪胜，其书圆润秀发，善仿松雪"（《书林藻鉴》）。董体和赵体字虽有不同的特点，但同属柔婉一派。清代书法长期受董、赵的影响，被讥为"馆阁体"，平正滑熟，缺少变化，传习既久，陈陈相因，宫廷和朝考时，竞相仿学，有千篇一律之弊，但许多书家亦勤研苦习，吸取历史上各种不同书法艺术的风格，或继承传统而力求精进，百尺竿头，更上一步，或变异传统，锐意革新，别出机杼，自立门户，使18世纪之书风分为继承与变异两个流派。

蒋衡、张照可作为传统的继承派，而王澍、金农、郑燮可作为传统的变异派。

蒋衡，江苏金坛人，他是书法家杨宾的学生，书风在董、赵之间，他勤于临池，朝夕不辍，工于楷书。杨宾说"湘帆（蒋衡）十五岁从余学书，今小楷冠绝一时，余不及也"（《大瓢偶笔》）。蒋书写《十三经》，共八十余万字，历时十二年，楷法工整，结构协调，笔墨酣畅。乾隆帝命刻碑，凡一百九十块，列太学，名《乾隆石经》，为书法金石史上之宏篇，今存首都图书馆。

另一代表人物是张照，江苏华亭人，与董其昌同乡，虽年代不相及，然张的舅父王顼龄、王鸿绪兄弟都是董书法的嫡派传人，康熙帝酷爱董其昌书，爱屋及乌，宠信王氏，南巡时曾两次到华亭王氏之秀甲园。王鸿绪之书法，人称"腴润有致"，张照推崇董、王的传承，谓"思翁（董其昌字思白）笔法真造化在手，有明一代推为独座，虽松雪（赵孟頫）亦莫能与京。学思翁者多，唯俨斋（王鸿绪）司农得其骨"（《天瓶斋书论》）。张照从舅氏得董派书法，而参以赵的书艺精绝，雍乾之间，独步一时。乾隆皇帝极其推挹张照的作品。御制《怀旧诗》中称张"书有米之雄，而无米之略。复有董之整，而无董之弱。羲之后一人，舍照谁能若。即今观其迹，宛似成于昨。精神贯注深，非人所可学"。诗注中又说：张照"尤工书，临抚各臻其妙，字无大小，皆有精神贯注，阅时虽久，每展对笔墨如新。余尝谓张照书过于董其昌，非虚誉也"（《乾隆御制诗四集》卷五九《怀旧诗》）。阮元也盛赞张照的书法超过了董其昌。他说："司寇（指张照）书自是我朝一大家，然间有剑拔弩张之处，内府收藏不下数百种，以《争座位》两帖卷为甲观，笔力直注，圆劲雄浑，如流金出冶，随范铸形，精采动人，迥非他迹可比，内府所藏董文敏（其昌）《争座位》帖，以之相较，则后来居上。"张照因事下狱，与天算家何国宗同被拘押，将董派的书法技巧传于何国宗，后来的书法家梁巘曾踵何氏之门请教笔法，时何国宗年迈，未能亲自接见，令其子与梁巘谈话。此段传承关系梁巘告知段玉裁。正因张照精于书法、音律、戏曲，故张虽得罪下狱，乾隆帝宽宥之，出狱复官。张照曾书写范仲淹《岳阳楼记》，置岳阳楼上，名楼、佳文、好字，人称三绝。

张照是乾隆帝身边的近臣。当时在军机处或内廷供奉翰墨者，均擅长书法，如大学士、军机大臣张廷玉笔意流畅、娴熟工稳、潇洒自然。军机大臣汪由敦书体力追晋唐人，庄重之中出以冲和渊秀。军机大臣裘日修书法超俗出尘，似不食人间烟火。乾隆帝得张即之所写《南华经》，缺数册，因裘书法酷似张即之，令裘补写足成之。在野的知识分子，书写风格亦近赵、董，如著名诗人袁枚，张问陶称其书"雅淡如幽花，秀逸如美女。一点着纸，便有风趣，其妙在神骨间"。这些人的书法艺术继承传统，不脱离赵孟頫、董其昌的畦町，是当时的主流。

同时，另一些欲思有所变异的书法家，如王澍、金农和郑燮。

王澍，江苏金坛人，号虚舟，年齿稍长于蒋衡、张照，他被认为是明代文徵明书法的传人。《清史稿》称他"绩学工文，尤以书名"，"摹古名拓殆遍，四体并工，于唐贤欧（阳询）、褚（遂良）两家，致力尤深"。他考订法帖，用功很深，作《论书剩语》《翰墨指南》《古今法帖考》揭示书法要领，书家宗派。他对赵、董影响下的书法界颇感不满，说"书道关于世运，自思白（董其昌）兴，而风会之下，于斯已极"。他的眼光从传统的法帖开始转移到陆续发现的古碑碣，欣赏其字体的雄浑遒劲。他曾说："江南足拓，不如河北断碑"。转而习写篆字，为书写玉筋篆之名家，善于藏锋圆落，字体瘦健挺秀，笔力内含，平生勤觅碑碣，临摹考证，努力不懈，实开后世碑派之先河。

18世纪前期，能够突破传统，别创书写新风的应推"扬州八怪"中的金农和郑燮。金农，浙江钱塘人，号冬心，性格奇特，晚年流寓扬州，书法得力于《国山》及《天发神谶》碑，师古而不受约束，笔力厚重，结体紧密，别具一格。创"漆书"，融隶楷为一体，具有惊世骇俗的怪异之风。郑板桥赠他诗句："乱发团成字，深山凿诗书。不须论骨髓，谁得学其皮。"

郑燮，江苏兴化人，号板桥。他以分书入行楷，"创六分半书"，在用笔、结体、布局上别出心裁，卓荦不群。笔法多样而具法度，结构独特，宽窄聚散、正斜，错落有致，奇趣横生，在帖派盛行的时代，能冲越藩篱，与金农异曲同工。他把作画的方法用来写字，故蒋士铨的诗云："板桥作字如画兰，波磔奇古形翩翩"。金农、郑燮新颖而怪异的书法，引起后人的许多议论。康有为说："乾隆之世，已厌旧学，冬心、板桥，参用隶笔，然失之怪，此欲变而不知变者"（《广艺舟双楫》）。杨守敬说："板桥行楷，冬心分隶，皆不受前人束缚，自辟蹊径。然以为后学师范，或堕魔道"。

降至18世纪后半期和19世纪前期，亦即清乾嘉时代，书法艺术进入分化、发展时期。帖学虽仍流行而碑学已迅速崛起，自成壁垒，分庭抗礼，成双峰对峙、雨水分流的形势。书法作品更加丰富多彩，精品迭出。这时的帖派书法家，刘（墉）、翁（方纲）、成（亲王永瑆）、铁（保），三梁一王（同书、国治、巘、王文治），以及钱氏四家（大昕、伯坰、坫、澧）均负盛名、各具风格，而碑派书法则有桂馥导其先路，邓石如、伊秉绶立其中坚，阮元、包世臣作其护法，何绍基、赵之谦、康有为为其后劲，人才济济，各自显露丰采，形成书法艺术的蔚然大观。

刘墉，山东诸城人，号石庵。书体雄厚苍劲，味厚神足，"论者譬之黄钟大吕之音，清庙明堂之器，推为一代书家之冠。盖其融合大家书法而自成一体，所谓金声玉振，集群贤之大成也"（徐珂：《清稗类抄》）。他的特点是能融会诸家，变化创新。"少年时为赵体，珠圆玉润，如美女簪花；中年以后，笔力雄健，局势堂皇；迨入台阁，则绚烂归于平淡，而臻炉火纯青之境矣。世人每讥其肉多骨少，不知其书之妙处，正在精华蕴蓄，劲气内敛，殆如浑然太极，包罗万有，人莫测其高深也"（易宗夔：《新世说》）。他极受后人推崇，虽是帖派代表，稍后的碑派理论家包世臣也将他置于清代书家的第二人，仅次于碑派巨擘邓石如之下。而评论苛严的康有为亦称赞他："石庵出于董，然力厚思沉，筋摇脉聚。近世行草书作，浑厚一路，未有能出石庵之范围者。吾故谓：石庵集帖学之大成也"。

翁方纲，直隶大兴人，号覃溪。博学多识，为乾嘉时代著名学者，字体初学颜真卿，后学欧阳询，隶法《史晨》《韩敕》诸碑，"双钩摹勒旧帖数十本，北方求书碑版者毕归之"（《湖海诗传》）。善作隶书，小楷书体工整厚重，为馆阁体代表。翁讲书法，离不开考据，一点一画，穷究来历。包世臣讥评他"宛平（翁方纲）书只是工匠之精细耳。于碑帖无不遍搜默识，下笔必具体势，而笔法无闻"（《艺舟双楫》）。杨守敬也批评他"天分稍逊，质厚有余，而超逸之妙不足"。据说：翁方纲的女婿戈某正好是刘墉的学生，戈某问翁：刘墉的书法造诣如何？翁说：去问你的老师，他哪一笔合乎古人法度？戈某果然去问刘墉。刘墉对戈某说：我写的是自己的字，不论古人法度。去问你的丈人，他哪一笔是自己的字？可见刘与翁的书法风格迥然不同，刘主创新而翁重守成。永瑆、铁保小于刘墉 30

多岁，小于翁方纲20岁，然四人齐名。永瑆是乾隆第十一子，封成亲王。永瑆亦学欧阳询、赵孟頫，其手迹刻为《诒晋斋帖》。他生长内廷，得博览所藏书迹，识见广阔，精于楷书，笔意瘦劲，神态俊逸。据称他："幼时握笔，即波磔成文，少年工赵文敏（孟頫）。又尝见康熙中某内监，言其师少时犹及见董文敏（其昌）握笔，惟以前三指握管悬腕书之，故王推广其语，作拨灯法，谈论书法具备。名重一时，士大夫得片纸只字，重若珍宝"（昭梿：《啸亭杂录》）。铁保楷书亦近馆阁体，后习摹颜体，草书学王羲之，旁及怀素、孙过庭，以纠早年板滞之病。刘、翁、成、铁四家，后世亦有訾议。如晚清书学理论家张之屏的《书法真诠》，对清代帖派一概抹杀，他有一段话说：

> 友人周祇述曰："有清一代，大名鼎鼎者，子都置之不齿。若嘉庆时之翁、铁、成、刘则何如？"曰：有人负能诗名，而工力薄弱，局径太狭者，昔人称为"盆景诗"。吾谓书画亦然。古有妙于六法，而仅工小幅者，已屡见不一见矣，即可谓之"盆景画"。清代之翁、铁、成、刘，均以书名震一时，奈既无雄伟之概，亦无妙远之情，是亦"盆景字"耳。但亦有别焉。翁则盆景之夹竹桃，铁则虞美人，成则吉祥草，刘则仙人掌也。

"盆景字"即是小摆设的意思。帖派书法秀逸多姿，而病在柔弱。平心而论，刘、翁、成、铁四家均有胜处，刘则雄健，翁则朴茂，成则俊逸，铁则丰腴，一概斥为"盆景字"，未免诋諆太甚！

三梁一王之中，梁同书，浙江杭州人，初学颜柳，中年学苏轼、米芾，晚年变化自如，卓然名家，负盛名六十年。帖派书法家，罕有善大字者，而同书擅长擘窠大字又年登大寿，九十岁尚能作小楷。"论者谓清中叶善书者刘石庵（墉）朴而少姿，王梦楼（文治）艳而无骨，翁覃溪（方纲）抚摹三唐，面目仅存，汪时斋（承霈）谨守家风，规模稍隘。惟公兼数人之长，出入苏米，笔力纵横，浑如天马行空。汪师茗（由敦）、张得天（照）后一人而已"（易宗夔：《新世说》）。梁国治，浙江会稽人，工楷书，得力于临摹唐人，洪亮吉称其为"堆墨书"。梁巘，安徽亳州人，书学李北海，润泽而骨肉停匀，亦董派传人，他认为得董其昌其传的，唯张照一人，其他人均逊一筹，"王虚舟（澍）用笔只得一半，蒋湘帆（衡）知握笔而少作字乐趣"（《清史稿》卷五〇三）。梁巘虽属帖派，但他是第一个发现邓石如的书法才能，为之指授引荐，造就了碑派书法的开山大师，功不可没。

一王，指浙江钱塘王文治，与刘墉书法齐名，而笔法与风格不同。刘墉具魄力，笔法浓重，文治讲风神，笔法淡雅，刘墉为大学士，文治殿试第三名，故称"浓墨宰相，淡墨探花"。王喜冶游，又耽佛学，辞官不就。乾隆南巡时，在杭州僧寺见王文治所书碑，极为欣赏，内廷告文治，招之出仕，王不就。

四钱系指江苏嘉定钱大昕、钱坫叔侄，江苏阳湖钱伯坰与云南昆明钱澧。钱大昕号晓徵，为乾嘉史学大师，著作等身，善作隶书，有金石气。其侄钱坫，幼从大昕学书，习篆字，昼夜不息，工铁线篆，有盛名。坫亦颇自负，以为直祧李斯、李阳冰，自刻一印曰："斯冰之后，直至小生。"钱伯坰初学董其昌、李邕，后习苏东坡、黄庭坚，取资甚广，博而返约，书风豪放跌宕。钱澧，号南园，为学习颜真卿之名家，清中叶学颜者甚多，唯钱澧入其堂奥，字体遒劲刚健，得其形神。据郑孝胥的评论："书法至鲁公实一大变，顾其书拙重有余，秀丽不足，学之者易趋甜俗。……惟钱南园（澧）学之得其体，伊墨卿（秉绶）学之得其理，何子贞（绍基）学之得其意，翁常熟（同龢）学之得其骨，刘石庵（墉）学之得其韵，各有去取，均能避鲁公之失。盖南园、常熟兼参米（芾）法，子贞兼用北碑，石庵远溯钟繇，墨卿（伊秉绶）独用隶体，均鲁公之功臣也"（《海藏书法抉微》）。

乾嘉时代，传统的帖学，达到了兴盛期，除刘、翁、成、铁、三梁一王、钱氏四家之外，还有以下著名书法家。

王杰，陕西韩城人，状元宰相，工赵体，书法灵秀而又雍容，人称其"有仙佛气，具富贵姿"。

姚鼐，安徽桐城人，字姬传，为桐城文派的大家，亦为清中叶优秀书法家。包世臣极推崇姚的书法，认为清朝书家，邓石如为第一，而刘墉之小真书、姚鼐的行草应并列第二，誉为"酝酿无迹，横直相安"之妙品。又说姚鼐字体"洁净而能恣肆，多所自得""宕逸而不空怯，时出华亭（董其昌）之外"（《艺舟双楫》）。

奚冈，浙江钱塘人，字铁生，是书画神童，九岁能写隶书，成人后诸体皆精，字体潇洒，又能诗词、作画、刻印，为西泠八家之一。

王芑孙、曹贞秀夫妇，苏州人。该地书法家书体均清秀俊逸，而王书遒厚挺拔，人称其力矫吴门书法。其妻曹贞秀，书法钟、王，与其夫共写前后《赤壁赋》，为士林所重。人称"墨琴夫人（曹贞秀）书，气静神闲，娟秀在骨，应推本朝闺秀第一"（《鸥波馀话》）。

降至嘉道（19世纪前期），碑学日隆，而帖派传人，尚绵延不绝。其中吴荣光，书法欧、苏，他的榜书"神采雍容，气韵绝佳"，康有为极其推崇他的这位同乡前辈（吴与康均为广东南海人），称吴荣光"专精帖学，冠冕海内"（《广艺舟双楫》）。李兆洛，江苏阳湖人，勤于临摹，终日临池，长于草书。张迁济，浙江嘉兴人，初学王、颜，中年后"书法南宫（米芾），草隶独出冠时"（《清列传》），又能以大篆参颜法作楷行书，朴拙雄浑，饶有别趣。梁章钜，福建长乐人，习欧阳询、董其昌，工行楷，笔法劲秀。林则徐，福建侯官人，为爱国的民族英雄，又是近代睁眼看世界的第一人，习欧体，工楷书，晚年致力于书法，远近争来，缣褚为空。程春海曾给他赠联云"理事若作真书，绵密无间；爱民如保赤子，体贴入微"。将林的善书法和从政业绩联系起来，撰成联语，甚为贴切。

清初至中叶，有造诣的书法家很多，以上标举数十人，约略指明各个时期不同人物的书法风格。这些书法家绝大多数是帖派书法，宗尚晋唐宋明以来的传统法帖，尤其是沿着赵孟頫、董其昌的道路发展而来，但他们之中也各有优长和特色，有的刚健，有的婀娜，有的雄浑，有的平正。有的专宗赵孟頫、董其昌，有的兼习欧、颜、苏、米，也有的转向碑石。迨清代中叶，碑派异军突起，逐渐凌驾帖派之上，这是中国书法史上的一大变革。新起的不少碑派书法家对帖派颇多非议，讥责帖派书艺"卑弱柔媚，千篇一律"。如晚清书法家郑孝胥说：

> 盖以书取士，启于清代乾隆之世，尔时盛用赵孟頫，间及
> 颜清臣（真卿），一时名流，书体大率相似，方板纤弱，绝无剑
> 戟森森之气，自兹以后，杂体并兴，欧、赵、颜、柳，诸家并
> 用，体裁之坏，莫此为甚。（《海藏书法抉微》）

他极力贬抑帖派书法家，认为碑学的式微造成了书法界"方板
纤弱"之弊。另一晚清书法家叶德辉对清朝书法全部否定，进而非
议唐人，专宗古碑，认为只有汉魏碑石才算书法的正宗。他说："碑
体至宋而微，至元而绝。……自后《兰亭》《阁帖》，执耳主盟。终
明之季，虽董文敏（其昌）负书圣之名，于碑法实未梦见。有清一
代，百学复古，惟书法一道，陷于禄利之境，虽豪杰不得不随朝廷
风气为转移。康熙好董书，故其时朝野上下皆尚董体。乾隆好松雪，
故一时书家巨子皆染赵风，道光学颜书，迄于同光，颜体几为帝王
家学。当乾嘉时，各书家至今为海内推重者，若刘墉、翁方纲、成
哲亲王、梁同书、王文治、钱沣，寸缣片楮，珍若琳琅。刘书先董
后颜，翁则一生学唐碑，终以欧阳询小楷《千文》为归宿，成邸早
年学赵，晚年学欧，颇饶风采。梁出董，王出赵，钱出颜，均一朝
所尚也。诸家唯翁有碑法，余皆帖耳"（叶德辉：《郋园山居文录》）。

郑孝胥、叶德辉把帖派书艺一概抹杀，实为片面之见。康有为和
他们的意见一样，说："国朝之帖学，荟萃于得天（张照）、石庵（刘
墉）。然已远逊明人，况其他乎！流败既甚，师帖者绝不见工"（《广艺
舟双楫·尊碑》）。他在《卑唐》一篇中，鄙薄唐代书法，称：

> 至于有唐，虽设书学，士大夫讲之尤甚。然继承陈隋之余，
> 缀其余绪之一二，不复能变，专讲结构，几若算子，截鹤续凫，
> 整齐过甚，欧虞褚薛，笔法虽未尽亡，然浇淳散朴，古意已漓，
> 而颜柳迭奏，澌灭尽矣……以魏晋绳之，则卑薄已甚。若从唐
> 人入手，则终身浅薄，无复有窥见古人之日。（《广艺舟双楫》）

碑派理论家的这种意见，对后代书法界很有影响。其实所见偏
执，并非公正之论。帖派、碑派，各有擅长，亦各有弱点，"碑重点

画，务平直而易成刻板；帖重使转，务姿媚而易入偏软"，技法不同，字体不同，风格不同，不能以此家之标准，衡量别派之短长。譬如宋词为中国文学中之重要体裁，有周、姜之婉约，苏、辛之豪放，婉约派抒写花间月下，儿女情长，清丽秀逸；而豪放派高唱大江东去，英雄襟怀，慷慨沉郁，彼此不能取代。碑帖之技法亦不相同，包世臣等碑学家强调"腕平掌竖""全身力到"，用笔必"逐步顿挫，行处皆留"，这种技法，写大字、写篆隶比较适宜，字体显得刚劲、具金石气，而帖派执笔一般宽松虚灵，有时振迅疾书，勿任拘滞，适宜于行草书，字体显得潇洒流贯。故碑派善篆隶而帖派善行草，各有所长。书法家明于此理，碑帖皆习，取其长而去其短，书艺才能蒸蒸日上。

乾嘉以后，碑派的崛起，给书法艺术注入了活力，焕发出生机，可称是书法史上的一场革命。碑派的兴起自有其历史背景。自唐宋以后的一千多年，帖派统治书坛，一枝独秀，日渐衰落，群思变革，希望开拓书法艺术的新境界。明末清初的徐渭、朱耷、金农、郑燮，书体怪异，代表着探求的努力，但尚未能形成与帖派分庭抗礼的新书派。18世纪，中国整个学术风尚不变，汉学盛行，如日中天，乾嘉之际，名家辈出，崇汉考古之风大盛。而古代的鼎彝、碑刻、摩崖发现日多，其古朴端美的线条、雄浑腾越的意趣触发了艺术家的灵感，他们探求、研究、临摹、融通，倾注了大量的精力和热情，使得埋没千年的破铜断石、漫漶字迹显示出珍贵的价值。回归上古的浪潮犹如整个学术界崇汉之风一样，横扫书法界。因此，碑学大盛，一直发展到"三尺之童，十室之社，莫不口北碑，写魏体"。康有为有一段话阐述了碑派崛起的原因：

> 碑学之兴，乘帖学之坏，亦因金石之大盛也。乾嘉之后，小学最盛，谈者莫不藉金石以为改经证史之资，专门搜辑，著述之人既多，出土之碑亦盛。于是山岩屋壁，荒野穷郊，或拾从耕夫之锄，或搜自官厨之石，洗濯而发其光采，摹拓以广其流传。……今南北诸碑，多嘉道以后新出土者……出碑既多，考证亦盛。于是碑学蔚为大国，适乘帖微，入缵大统，亦其宜

也。(《广艺舟双楫·尊碑》)

对碑体兴起做出贡献的书法家应推桂馥、邓石如、伊秉绶、陈鸿寿、阮元、包世臣、何绍基等。

桂馥是著名的小学家,著《说文义证》50 卷,习写分隶、临摹汉碑,融会贯通,自出机杼,字体醇厚质朴,气势磅礴,人称"百余年来,论天下分隶,推桂未谷(桂馥)第一"(《松轩随笔》)。他观摩清乾隆以前的隶书艺术,对许多书家作了评价:"傅青主(山)如蚕丛栈道,级幽梯峻,康衢人裹足不往;王觉斯(铎)如壮夫挽强,徒以力矜,不必中的;郑谷口(簠)如淳于髡、东方曼倩滑稽谐谑,口无庄语;林吉人(佶)如茅山道士,辛苦求仙,恨无金丹换骨;朱竹垞(彝尊)如效折角巾,聊复尔尔;陈子文(奕禧)如田舍翁说古事,往往附会;查德尹(嗣瑮)如杨玉环华清浴罢,娇不胜衣;王虚舟(澍)如窗明几净,炉烟缕缕;金寿门(农)如孔雀见人著新衣,辄顾其尾;高且园(其佩)如山阴访戴,兴尽而返;杨已军(法)如左手持螯,睥睨食肉人;郑板桥如灌夫使酒骂座,目无卿相。"(桂馥:《国朝隶品》)他评点文字,睥睨众贤。在他看来,写隶书的人虽不少,均未臻上品,没有得到古碑书法的精髓,桂馥可算是振兴隶体、鼓吹碑学的先驱。

在书法艺术上能够开辟新径、壁垒一新的首推邓石如。邓,安徽泾县人,字完白,家境贫寒,布衣一生。少年时即好书法刻印,梁巘见之,以为可造之才,荐到著名数学家梅文鼎后裔的家中居住,梅家多藏鼎彝碑拓,邓石如在此居住八年,尽观秦汉以来金石善本,学篆五年,学隶三年。每天晨起,研墨汁满盘,临池摹写,至夜间墨尽,方才休息,严寒溽暑,从不停辍。其篆书习李斯、李阳冰,"而纵横开阖之妙,则得之史籀",隶书"遒丽淳厚,变化不可方物"。离开梅家后,浪迹江湖,在皖南街市售字糊口,为阳湖学者张惠言所见,张告金榜"今日得见上蔡(和峤)真迹"。金榜与张惠言都善书法,爱才若渴,冒雨至荒寺中寻访,延请至家。金榜是乾隆时状元,家有宏丽之祠堂,楹联榜额本皆金榜所书写,见邓石如书,命尽数撤换,全部请邓改写,其见重如此。金榜荐邓于尚书曹文埴,誉为"四体（篆、隶、真、草）皆国朝第一"。曹携邓石如入京。著名书法家刘墉与鉴赏家陆锡熊见其书法，踵门求见，极赞邓之书法"千数百年，无此作矣"。后邓又入湖广总督毕沅幕，他一生作字，不应科举，不治营生，毕沅为之购置田产养老。邓石如发扬碑体，独步书坛。他撷汉魏之古体，寓近代之神韵，于雄浑古朴之中发扬俊逸的风采，取得创造性的成就，奠定了碑派的基石，故当时名流，对他无不倾倒。后来康有为赞颂他："上掩千古，下开百麓，后有作者，莫之与京矣！"

继邓石如之后有伊秉绶，福建宁化人，号墨卿，亦碑派中坚，善隶书，取法汉碑，参以颜楷，书法高古，别具风格，外似拙直，内蕴劲秀，笔画坚挺，人称其"力能扛鼎""墨卿（伊秉绶）遥接汉隶真传，能拓汉隶而大之，愈大愈壮"（《退庵随笔》）。何绍基作诗称赞："丈人八分出二篆，使墨如溱楮如简。行草亦无唐后法，悬崖溜雨驰荒原。不将俗书薄文清（刘墉谥文清公），觑破天真观道眼"，此诗道出了伊秉绶锐意复古的书风。

陈鸿寿，浙江钱塘人，号曼生，为西泠八家之一，工书画篆刻。他和伊秉绶相似，力追古风，从秦汉碑瓦铭刻和摩崖勒石中揣度笔意。善作篆书、隶书，古朴自然，空灵奇秀。有人称赞他"鸿寿篆刻追秦汉，浙中人悉宗之，八分书尤简古超逸，脱尽恒蹊"（《桐阴论画》）。又有人说"曼生酷好摩崖碑版，行楷古雅有法度，篆刻得之款识为多，精严古朴，人莫能及"（《墨林今话》）。我们看到，18世纪之末，碑派名家接踵而起，他们寻索古碑，摹写汉魏石刻，锐意创造，善作篆隶，多写大字，形成了和清前期唯知法帖，多作行草小楷迥然不同的艺术风格。

碑派兴起，为它做理论上的鼓吹者是阮元和包世臣。阮元，江苏仪征人，号芸台，历任巡抚、总督、大学士，位高望重，又是知名学者，他寝馈《石门颂》，书法极有法度，"作擘窠大字，纵横排荡，无一不与神合"（《枕经堂题跋》）。作《南北书派论》《北碑南帖论》，俱载于《揅经室集》中，阐明了帖派、碑派的书法源流演变和特色，促进和推动了嘉道以后书法艺术的变化。包世臣，安徽泾县人，字慎伯，号倦翁，更是碑派书法的护法神。他是邓石如的弟子，著名的书法理论家和教育家。所著《艺舟双楫》为书法艺术的经典之作。包世臣把清代书法家91人列为九品，推崇自己的老师邓石如为清代书法第一人，说邓的篆隶，是"平和简静，遒丽天成"的神品。他的论书绝句说："无端天遣怀宁老（指邓石如），上蔡中郎（和峤、蔡邕）合继声。一任刘（墉）姚（鼐）夸绝诣，偏师争与撼长城。"其诗注中说："怀宁布衣邓石如顽伯，篆隶分真狂章，五体兼工，一点一画，若奋若搏。盖自武德以后，间气所钟。百年来，书学能自树立者，莫或与参，非一时一州之所得专美也"（《艺舟双楫》）。包世臣少年时书法不佳，而力学不倦，临摹《兰亭序》数十遍，每日写四字，每字连书数百，"转锋布势，必尽合于本乃已"。晚年，遇邓石如，邓授以笔法"字画疏处可以走马，密处不使透风"。包世臣评自己的书法："余书得自简牍，颇伤婉丽"。他的弟子和私淑者很多，几乎统治了晚清的书法界，如吴熙载、张裕钊、赵之谦等。但与包世臣齐名的碑派书法家何绍基却批评他："慎翁（包世臣）于平直二字全置不讲，扁笔侧锋，满纸皆是。特胸有积轴，具有气韵耳！书家古法，扫地尽矣。后学之避难趋易者，靡然从之，竞谈北碑，侈为高论"（《东洲草堂书论钞》）。

　　何绍基是碑派书家的重镇，造诣极高。早年随其父何凌汉练字，后习北碑。自言其学书过程："余学书四十年，溯源篆分，楷法则由北朝求篆分入真楷之绪"。又说"余二十岁时，始读《说文》，写篆字，侍游山左，厌饫北碑，穷日夜之力，悬臂临摹，要使腰股之力悉到指尖，务得生气"（《东洲草堂书论钞》）。这种作字方法，称"回腕法"，很费力也很难学，据说：何作字片刻，便大汗淋漓。包世臣尊碑抑帖，而何绍基与之不同，尊碑而不废帖，早年临摹颜、欧，以后攻习《张黑女》《张迁》《礼器》《曹全》等碑铭，吸收各方面的长处，书法遒丽生动，人称有仙气。郑孝胥最服膺何绍基书法，郑的诗中说："蝯叟（何绍基）吾酷爱，谓可追杨风。玩其使笔处，如开两石弓。篆书到阳冰，分书迈蔡钟。真行已小低，米董一扫空。主张在北碑，摆脱余颜公"（《题蝯叟书册》）。从此诗中可以窥见何绍基作品之佳及用笔方法。

晚清书法家多出于包世臣之门。吴熙载，江苏仪征人。"博学多能。从包世臣学书。世臣创明北朝书派，溯源穷流，为一家之学。……熙载恪守师法……篆分工力尤深"（《清史稿》），其书法古雅质朴、圆匀工整。行书亦佳，"多从包世臣出，苍厚郁茂，掺入北魏笔意，一扫馆阁纤弱之风"（《广艺舟双楫》）。包的另一弟子梅植之，与吴熙载齐名，其书"跌宕遒丽，煅炼旧拓，血脉精气，奔赴腕下，熙载未之敢先"（《广艺舟双楫》）。包门弟子中最杰出的应推张裕钊，湖北武昌人，他是桐城派的古文大家，工隶楷，隶书得力于《张猛龙碑》，"由魏晋六朝以上窥汉隶，临池之勤，亦未尝一日辍"（《清史稿》卷四八六），楷书亦清峻超俗，神采飞扬。康有为对张极为赞赏，说他"集碑学之成"。"湖北有张孝廉裕钊廉卿，曾文正公弟子也。其书高古浑穆，点画转折，皆绝痕迹而得态逋峭特甚，其神韵皆晋宋得意处。真能甄晋陶魏，孕宋梁而育齐隋，千年以来无与比"（《广艺舟双楫》）。康有为对张裕钊书法评价特高，张的笔意，以刚健胜，锋芒毕露，字形略长，别具一格，为"新魏碑体"的滥觞。包世臣的弟子很多，不一定都恪守包氏尊碑抑帖的观点，如吴德旋，江苏宜兴人。虽曾从学于包，但颇好法帖，自称"泛滥于唐宋元明诸家十余年，而私心所好，仍在东坡、思白（苏轼、董其昌）"（《初月楼论书随笔自述》）。

包派的另一传人赵之谦，浙江绍兴人，号㧑叔，亦是晚清书坛的巨匠，对后世书法影响甚大。他初学颜体，后专意魏碑，篆隶师法邓石如、吴熙载，而能融会贯通，自成器局。又能以篆隶之法写行楷，书风圆融、妩媚、流丽，善作大字。继邓石如、何绍基之后，开创了碑派书法的新风格。赵之谦将自己的书法与何绍基相比较，称"何道州（绍基）书有天仙化人之妙。余书不过着衣吃饭、凡夫而已"。他说出了何与自己不同的书风，何书古雅奇崛，难以学习和掌握，而赵书平易优美，受人喜爱，成为众人模仿的对象。但康有为对赵颇有微词，他说"赵㧑叔（之谦）学北碑，亦自成家，但气体靡弱。今天下多言北碑，而尽为靡靡之音，则赵㧑叔之罪也"(《广艺舟双楫》)。

其他晚清书家，在碑体鼎盛的风气中，无不研习魏碑，而写作篆体者特众。其中，杨沂孙，江苏常熟人，善作篆籀，将钟鼎文的凝重，融入了小篆的线条，表现出方圆互济、明快健劲的特色，他自负篆籀已超越邓石如，说："吾书篆籀，颉颃邓氏，得意处或过之，分隶则不能及也"(《清史稿》卷五〇三)。徐三庚亦宗邓石如，其篆字细腰娴娜，体态多姿。莫友芝的篆书"漫厚宽博，有金石气"。吴大澂，江苏吴县人，好集钟鼎，手自摹拓，字形端正，神气内敛。翁同龢，江苏常熟人，戊戌维新中支撑变法的大臣。他幼学欧、赵，后学颜真卿，晚年又临摹《张迁》《礼器》等碑，博采各体之长，不拘一格，蕴藉雍穆，气势雄阔，"相国（翁同龢）生平，虽瓣香翁覃溪（翁方纲）、钱南园（钱澧），然晚年造诣，实远出覃溪、南园之上。论清代书家，刘石庵外，当无其匹。光绪戊戌以后静居禅悦，无意求工，而超逸更甚"（易宗夔：《新世说》）。翁同龢书法所以有很高的成就，在于他既熟习欧、颜、赵、董之体，又"时采北碑之笔"，故能冶帖、碑于一炉，巍然为书界名家。

其他书家，如杨守敬收藏金石碑版甚多，四体皆工，尤擅行书，书体腾挪翻复，如游龙舞凤，曾在日本教授书法。吴昌硕，浙江安吉人，兼善书画刻印，他的楷书学颜真卿，隶书学汉石刻，篆书学石鼓文，尤其是篆书用笔结体，一变前人成法，苍劲浑厚，朴茂雄骏，力透纸背，独具风骨，名满天下。近代书画家齐白石、陈师曾、王个簃、沙孟海均出其门下。沈曾植，浙江嘉兴人，字子培，融汉隶、魏碑、章草于一炉，自出机杼，字体生动活泼，仪态万千。金蓉镜说他"由帖入碑，融南北书流为一冶，错综变化，以发其胸中之奇，几忘纸笔，心行而已"。郑文焯亦兼采碑帖之长，"遒逸古雅，美妙冲和""得碑意之厚，而无凝滞之迹"。李瑞清，早年学颜、柳、黄山谷，后习汉魏碑石。他写北碑，参以篆法，又穷究《阁帖》源流，博采众长，自称其书法"纳碑于帖"，亦卓然成家。

晚清书坛的殿军应推康有为。他继包世臣之后，作《广艺舟双楫》，扬碑抑帖，强烈鼓吹碑派书法，蔑视唐宋以后的一切书法家。

其观点不免有偏激处，但阐明书法理论，品评书家特色，陈说书派源流，分析指法笔意，多独到之见，此书嘉惠学人，有功于书界。他少年曾学欧、赵、苏、米各体，后来听老师朱次琦盛赞邓石如"作篆第一"，"因搜求之粤城，苦难得。壬午入京师，乃大购焉。因并得汉魏六朝唐宋碑版数百本，从容玩索，下笔颇远于俗，于是翻然知帖学之非矣"（《广艺舟双楫》）。从此，康有为成为碑派的中坚人物。他攻习魏碑，得力于《石门铭》，称赞此碑"若瑶岛散仙，骖鸾跨鹤"，列为神品。他的书艺作品，雄奇刚健，极有奇势，开阖翕张，富有个性。"其执笔主平腕竖锋，其用墨浸淫于南北朝，气韵胎格，与写经为近"（《新世说》）。他自称书法鉴赏的能力高于创作的能力，所谓"吾眼有神，吾腕有鬼"。

　　以上略述有清一代近 270 年书法的发展变化。清前期继承千余年法帖的传统，书法是知识界普遍娴习的技能。一时书手如林，争妍竞秀，作品繁富。而有一些书家，不满足因袭旧规，思欲突破藩篱，有所变异。至清中叶以后，碑学崛起，摹研古石，名家踵起，碑帖分流。晚清的书法艺术在充分吸收帖学的丰厚积累之后，又得到新发现的汉魏碑碣的启示和滋养，进入了更加丰富多彩的新境界。故叙述其书法之源流演变，略加抒发，以就正于方家。

清代思潮[*]

本文要讲的是清代思潮，从 17 世纪到 19 世纪末将近 300 年的历史。清朝从入关开始一直到辛亥革命一共 268 年。本文所讲的范围，就是这二三百年内清代思想的基本的轮廓。

一

清代的学术思想，前辈已做了许多的研究，像梁启超、钱穆以及马克思主义的学者侯外庐、任继愈，在这方面都有论著。这是一个比较热闹的领域。这近 300 年内，学术思想内容比较丰富，发展变化也很快，作品也很多。可以说，在这近 300 年内，中国文化宝库增加了丰富的遗产。这里只能勾画一个轮廓给大家，不能详细展开。首先，这近 300 年的思想，在整个中国文化思想上占了一个很重要的地位，起着承先启后、继往开来的作用。一方面，可以说它是中国封建文化总结的时期、集大成的时期；另一方面，是中国传统文化向近代文化转变的时期。说其是对传统文化的总结，因为清代文化思想的发展是很高的，可以说是中国文化鼎盛时期。人才辈出，产生了不少杰出的大师和思想家，而且对中国传统文化进行了基础性的研究和总结，对传统文化典籍做了基础性的整理，从文字、声韵、校勘入手，做了大规模的整理，这是一代学者的工作。若不是经过清代学者的整理，至今许多古书我们就读不到或读不通。研究中国传统文化离不开清代学者的

---

* 原载《清史研究集》，第一辑，北京，中国人民大学出版社，1980。

工作。还有一点，清代对两千年传统文化做了回顾、追溯。在一定程度上可以说，它恢复、再现了两千年的传统文化。因为中国传统文化的主流是儒家，儒家在两千年的发展中，经历了两个重要的时代，一是汉代，一是宋代。西汉定儒家为一尊，确定了儒学的传统地位。东汉，古文经学派取代了今文经学派。佛教的传入，经过传播、吸收，到了宋代便产生了理学。到了清代，一个很有趣的现象是清学是反理学的，从宋学又退回到汉学。先是退回到古文学派，如郑康成、许慎、马融等古文大师；后又退到今文学派，康有为等人推崇今文学派，这样从东汉退到了西汉。清学的200多年的发展，是一步一步地复古，从宋学退到汉学，从东汉退到西汉。这一现象不是偶然的，形式上是复古，实际上却是向前探索，寻求新的道路。清学是新时代到来的第一个号角，是古代向近代的转变。它引进了西方的思想。明朝中期已有传教士在传播西方文化。明清之际，先后有几百个传教士到中国来传教，带来西方的文化。中西方文化交流，规模之大，时间之久，仅次于佛教的传入。特别是鸦片战争时期，西学的东渐，中国文化传统发生了根本性的变化。晚清，新学和旧学，西学和中学，充满矛盾和斗争，相互渗透。中国的传统文化开始接受西方的文化，这在中国文化史上是别开生面的时期。清代与我们今天相去不远，对现实有重大影响。汉唐文化光辉灿烂，处于当时世界的前列，但它们对于今天而言是个遥远的过去，只能通过书本间接地了解。清代则相去不远，不仅可从书本中了解，而且在现实中仍有感性的体会。探讨清代近300年的文化思潮，不仅有学术上的重大意义，而且有现实意义。简言之，研究清学的意义，在于清朝是中国传统文化的总结、整理时期，又是向近代转变时期，而且是离我们的实践很近的时期。下面分三个时期简单地介绍清学：（1）17世纪的思潮；（2）18世纪的思潮；（3）19世纪的思潮。

二

17世纪是明清之际，也是中国文化思想上的一个高潮时期。中国几千年的思想史，成果很多。比较突出的有两个时期：一是先秦诸子百家，二是明清之际的思想。其内容的丰富、思想的深刻、人物的众多，可谓是先秦以后很少见的。这个时期出现了王夫之、顾炎武、黄宗羲、颜元这一批杰出的代表，可以说是群星灿烂。围绕着这些大师，形成了几个有特点的学派。其中每一位大师都可以讲几十小时的专题课程，但他们有一共同的特点：宏伟博大、讲求实际。他们的研究领域宽阔，成果也是多方面的。既从事历史的研究，也强调对现实的研究，讲求经世致用，讲求实用，在许多领域里做出了出色的贡献。像黄宗羲，以他为首的浙东学派，在政治学、历史学方面贡献很大，《明夷待访录》在中国思想史上成就非常高，是千古绝唱，是一部很明显地带有民主色彩的杰作。他的《明儒学案》是中国第一部系统的学术思想史。他的后辈全祖望续成了《宋元学案》，这两部书是中国思想史上最好的学术思想史专书。他的学生万斯同修《明史》，万斯大是搞经学的。顾炎武开创了一代学风，其治学特点是方法精密，重视证据，提倡实用。王夫之的著作很多，在哲学上可称作中国唯物主义的高峰，他的史论阐发了精辟的见解。颜元是北方的学者，开创了颜李学派。围绕以上四位大师有一大批学者，像山西的傅山、陕西的李颙、安徽的方以智等，这是一个群星灿烂的时代。明清之际的思想家，他们的治学方法、研究范围及师承关系，或其个人的经历爱好都是各不相同的，形成了各异的风格。但在不同的风格里又有共同的倾向性，即宏伟博大、讲求实际。这是当时的时代精神。还有，当时的思潮富有批判精神，亦即所谓思想解放，这从他们的著作中可体会到。他们一是反对封建专制政治的束缚，如黄宗羲、唐甄、顾炎武的著作都表露了这样的思想，反对封建专制政权很强烈。二是反对理学，这也很明显。这表明，当时社会已进入封建社会的后期，封建社会的弊端已严重地暴露出来，开始成为思想家们激烈攻击的对象。另外，理学长期以来作为官方哲学，也遭到了进步思想家的攻击和批判。当时他们的言论都很激烈。颜元说过，朱学王学都是杀人之学，是皮上疹毒，理学家都是奴才。对于专制皇帝的批判也是很激烈的。黄宗羲在《明夷待访录》里说："然则为天下之大害者，'君'而已矣。"这在当时的封建社会里是难能可贵的。唐甄在《潜书·室语》中说："自秦以来，凡为帝王者皆贼也。"把帝王和盗贼并提，极力主张限制君权。顾炎武写的《郡县论》，其言辞虽温和，却也是反对封建专制的。还有一点，这些思想家的民族意识很强，少数人积极参加了抗清斗争。失败后，大多数人隐居不出，不和清王朝合作。同一个时代，这些思想家的成就是不一样的，研究领域也不一样。在谈到 17 世纪思潮时，我一方面感到它是一个新的高峰，宏伟博大，很有锋芒。但是另一方面，高峰之后，接着是一个跌落，很快就过去了，形成一个文化断层。这种进步思潮后继无人，只维持了一代人的时间。17 世纪的思潮，实际是 17 世纪的后半期至康熙初年。这些大师去世以后，就后继无人，思想上出现了空白。像黄宗羲虽然有许多学生，但主要继承了他的史学方面，以后没人敢做像《明夷待访录》这类的文章了。顾炎武交游很广，但没有嫡传的学生。他的三个外甥（所谓"三徐"）都是清朝的大官僚。王夫之默默无闻，其著作很晚才为人所知，在当时不为人所知。颜李学派的存在也很短暂，李塨以后，学派就转向了。他们的思想在以后没有得到发挥和发展，没有形成巨大的思想力量，对社会没有强大的反作用。若与理学和经学相比，存在和影响的时间很短。它既是个高峰，又是个断层。这个问题是值得探究的。总的来说，它是社会的产物。它之所以能形成高峰，是因为当时的实际生活给它提出了问题及思考的课题，同时也提供了丰富的养料和良好的发展条件。因为明末清初，正是天崩地裂的时期。农民起义打垮了明朝统治，接着清军入关。阶级矛盾、民族矛盾空前尖锐，而且纠缠在一起。封建社会的腐朽，一下子暴露得很充分，这为思想家提供了思考的课题：为什么社会会这样变化？为什么明王朝会灭亡？这个统治机器发生了什么毛病？能否加以修补？流传下来的宋明理学，作为人们的思想支柱，它的缺点、问题已经暴露，理学为什么应付不了这些问题？所有这些问题一下子放到了思想家的面前。同时，明清之际是一个动乱的时代，思想统治一度放松，有一个相当自由的环境，可以说话，可以发表意见，这样就出现了思想奔放的时代。但之后是清朝统治，由于思想统治的加强，这种带有民主思想的思潮失去了进一步发展的可能。如果这些大师生活在乾隆时代，一个个都会被打入文字狱。社会既为文化思想提供养料和思考的课题，又为其提供发展的条件。在动乱的时代，由于相对放松，出现了自由奔放的思想发展时期。当清朝统治稳固以后，思想统治加强了，重新抬出程朱，文字狱很严重。进步的思潮便很快从舞台上隐退，出现了一个文化断层。在他们的学派中后来有的人进入朝廷做官，李塨还向清朝上书，整个思想界在政治上发生了转向。

三

18 世纪的思潮指的是乾嘉时代的思潮，这是清学的正宗。它和明清之际的思想有关系，但它的最高峰是乾隆时期，而且它一直流传下去，直到近代，甚至在现代还有些学者仍受到乾嘉考据学的影响。有人称之为乾嘉学派，这是就时间来说的；有人称之为"汉学"，这是就宗旨而言的，因其反对"理学"，回到"汉学"；有人称之为考据学派，这是就其方法和成就而言的；也有人称之为"朴学"，是就其朴实的学风而言的。这一思潮的特点是"精深严密"，与上面提到的博大不大相同。清代的汉学继承了清初进步思想家的传统，反理学，与官方提倡的宋学是对立的。他们说理学家连古代的书都不认得，没读懂，对古代的儒家经典加以胡乱解释。理学家不懂古代的文字、声韵等。古书中错字、漏字很多，伪书也很多。因此，清代汉学家批评理学家是望文生义、捕风捉影，没有确定的根据。他们认为研究古典文化，必须从识字、审音开始。因此，汉学家发展了文字学、声韵学、训诂学，形成了一门很重要的学问即小学。小学是入门之学。他们从这个基本功夫入手，对古代典籍的研究达到了很高的成就。他们建立的小学，实际上是语言学，也建立了校勘、辨伪、版本等等学问，而且对古代典籍进行了大规模的整理、注释。在治学的方法上，他们重视客观的证据，反对主观的武断，运用归纳法、演绎法形成了一种精确谨慎的、朴实无华的学风。他们批评理学家既然读不懂古书，还谈什么研究儒家典籍来垄断整个文化思想，这一点，在某种程度上击中了理学的要害。因为古代典籍经过长期的流传，失真的程度很大，错字、漏字、颠倒等屡屡发生。理学家搞的是"六经注我"，用儒家经典注释自己的思想。清代汉学家则要寻根问底，古书到底是否像你所讲的那样，它原来的意思是什么。他们对古代经典很熟悉，他们从基本功夫入手，学术态度严谨，方法比较科学。这样清初的博大求实的学风，到了清朝中期一变成为精深严密的学问。

　　按照地域和时间先后我将他们分成几个集团做简单介绍。第一个是以惠栋为代表的吴派。惠栋家三代治经，其祖父、父亲及他本人主要是搞《易经》的。他的许多学生都是苏州人，或者是在苏州附近的人，像钱大昕等，故称吴派。吴派是在18世纪初最先出现的，是清代汉学的奠基者，在他们手里，形成了可以和理学相抗衡的学派。理学在当时是官方思想。孟子曾说，五百年必有王者兴。从朱子到康熙恰好有五百年，所以康熙自诩继承了朱熹，集道统与治统于一身，非常推崇理学。当时一些有才能的思想家，集中在汉学研究领域，而不是在理学方面。惠栋一派的缺点是过分相信汉代。凡古必好，凡汉必真，迷信汉代。当然他们回到了东汉，回到了以郑康成、许慎为代表的学术。

　　接着是以戴震为首的皖派。戴震是清代汉学的一个高峰。戴震在考据学和哲学方面都有很大贡献。皖派继承了吴派的优点，精深严谨。但不像吴派那样过分地相信汉代学问。他们的研究领域是很宽阔的，尤为擅长研究"三礼"。

再之后是扬派，即扬州学派，有阮元、焦循、王念孙和王引之父子等一大批人。到这批人手里，汉学发展到了顶峰并转向衰落，他们的成就是非常大的。乾嘉学派指的就是这批人。戴震、段玉裁、二王（念孙、引之）是清代汉学的中坚。

到鸦片战争以后，出现了浙派，以俞樾、孙诒让为代表。俞樾的《古书疑义举例》，就是学的二王，人们认为超过二王。孙诒让有《周礼正义》《墨子间诂》等。《墨子》也是经过清代学者的研究，才有了今天这样的定本，否则《墨子》根本没法读。因为《墨子》这部书，几千年来"淹没不彰"，错简很多，经过了清代许多学者的整理，其中最重要的是孙诒让，再下去是章太炎、王国维，他们都是浙江人。章太炎是俞樾的学生。章、王也受了乾嘉学派的影响，和乾嘉学派有密切的联系。但是，章、王不是单纯的乾嘉学派的继续，他们主要接受了西方文化，在思想观点、研究方法上都发生了变化。章太炎曾总结这个思潮的特点，是"审名实、重佐证……六者不具而能成经师者，天下无有"（《太炎文录》），这说明了这一学派的方法、风格。

清代为什么会产生汉学？这是一个大问题。当然有各种各样的因素，但一个重要的因素是社会根源。一方面，康熙以后，政治趋向于稳定，封建统治加强了，经济发展了。康雍乾时期是清代封建统治的黄金时代。经济的发展和政治的安定，能够在很长的时期里聚集大批优秀的人才，从事学术文化工作，做出了一些成绩。另一方面，封建统治加强了，统治更加严厉，文字狱盛行，优秀的知识分子纷纷转到故纸堆里，他们不是把聪明才智用于解决现实问题，而是转到过去，转向对传统文化的整理。这种思潮传播的时间很长，人才也很多，影响也比较大，直到今天仍有其影响。怎样评价这个学派？这是新中国成立以来中国学术界一直争论不休的问题。因为乾嘉学派对于今天的学术界的影响，还是能感觉到的。有的同志对它评价很低，它的复古、烦琐的缺点很明显；也有的同志对它评价很高，认为这时期的学术水平很高，是中国文化史上的一个高峰，甚至提出要回到乾嘉学派，以纠正我们的空谈。我认为，18 世纪的思潮在专门的领域里取得了丰硕的成果，贡献很大，对古代文化做了基础性的、总结性的工作，这是应肯定的，方法上也包含着科学的因素，学风比较踏实。我们可以吸收其优点，继承其好的传统，但不能回到乾嘉去，因为它的缺陷和局限非常明显。第一，研究范围太窄、太狭小，局限在古代文献典籍，面向过去。不像明清之际学术思想的博大和注重应用，而且完全脱离了现实生活，成了一种装饰和点缀。第二，它的特长在于资料的积累和问题的考证，能够做到准确、深入，但缺乏一种创造性的思考和思辨的能力，缺少一种想象力。当然不是绝对没有，戴震是个例外。他们反对宋学，对宋学的思辨也加以反对，认为这是空谈。18世纪的学者在专业方面是巨人，在思想领域是侏儒，缺乏创造性的思辨。第三，在方法上，重视归纳、演绎，推理比较细密。但整体来看，其方法缺乏全局的观念，个别零碎的考证比较多，只见树木不见森林，是形而上学的方法。在微观研究上取得成就，在宏观的研究方面缺乏建树。

四

　　19世纪的思潮，主要是从19世纪下半叶到20世纪初。这个时期，是中国历史的重大转折期。鸦片战争后，外国资本主义入侵，中国社会由封建社会逐渐沦为半殖民地半封建社会。西方资产阶级文化开始传入中国，这就是所谓的"西学东渐"。这个时代，在政治上，是革命和战争的年代；在文化思想上，是激烈动荡、迅速变化的时代。人们经过清朝中叶比较长期的稳定阶段，进入了危机时期。中国的先进分子要寻找出路，以图救国救民。在这一历史背景下，文化思想上发生了巨大转变，这就是今文学派的产生。

　　今文学派在乾嘉时期就开始萌芽了。到了19世纪鸦片战争以后，这个学派影响就大了，龚自珍、魏源等出现了。一直到以后，王闿运、廖平、康有为、梁启超成为支配晚清思想界的巨大潮流。今文学派的代表人物，前有龚、魏，后有康、梁，也是儒家的一个学派，是相对于古文学派而言的。今文经学和古文经学之争，是中国思想史上，也是经学史上的一个大问题、一桩大公案。在两汉，今古文之争是非常激烈的。今文是秦始皇"焚书坑儒"后，那些古代经典靠口授、背诵传播，后用汉初的文字写出的。到了后来，孔安国发现壁书，这些书都是秦始皇以前藏起来的，是用秦以前的文字写成的，这就是所谓古文。今文和古文是儒家经典的两种版本，后来成为两种学派。这两派在汉代互相争夺统治地位，结果古文经学得到胜利，所以古文经典得到流传。今文学派的经典散佚，这派保存完整的是《公羊解诂》，故这派又称公羊学派。这一学派也是儒家的一个分支。它的特点是不拘守儒家古代典籍里的章句文字，思想上束缚较少，比较活泼，不是官方的，因而长期湮没不彰。这一派讲求微言大义，"其中多非常异议可怪之论"，在封建卫道士看来是异端思想。同时强调变革和通经致用。这个学派是对18世纪思潮的挑战，是18世纪思潮之后，开辟的一条新的治学的路子。如果说18世纪思潮是社会政治稳定、经济相对繁荣的产物，那么19世纪思潮则是社会危机、需要变革的产物。今文学派的代表以新的姿态登上了文化思想的舞台，造成很大的震动。他们与其前辈大不一样。前者是专家，皓首穷经，不关心现实；而龚、魏、康、梁既是学者，又是政治家，关心社会，干预政治，抨击各种社会弊端，鼓吹变法，具有强烈的爱国主义思想。19世纪的思潮是对18世纪思潮的否定。但是，二者又有联系。著名的学者龚自珍的外祖父是段玉裁，他是戴震的学生，戴、段、二王是18世纪思想的代表人物。龚自珍小时候接受段玉裁的教育。康有为年轻的时候，也受过18世纪思潮的教育，他后来的重要著作如《新学伪经考》《孔子改制考》，都是以"考据学"面目出现的。当然其内容都是为变法做舆论准备的，并不是一种单纯的考据，而是用考据的形式发挥其变法的思想。

19世纪的思想家反对18世纪的思想家，说18世纪的哲学是书呆子哲学，是脱离现实的哲学，在社会危机的时候，不能提供解决社会问题的武器。对于农民起义、外国入侵，汉学是无能为力的。在这个时期，宋学开始复兴。这时候的宋学是刽子手的哲学，专门为镇压农民起义服务。但康梁他们并没有回到宋学上去，他们反对18世纪思潮，不是回到宋学，而是回到汉代的今文经学。今文经学不是儒家正统，束缚较小。而此时中国社会处在动荡的时期，西方文化的传入成了不可抵抗的历史趋势和潮流。闭关自守不可能了，抱残守缺、闭国锁门势必要落后，势必要挨打。文化思想面临着一个转折。新的文化思想正在酝酿，正在诞生。可是新思想的诞生不是那么顺利的，而是经过了长期曲折迂回的摸索过程。中国古代传统文化显然不能适应当时激烈的变化。中国古代传统文化既是国宝，但在一定时期又是前进的负担。中国文化的积累是相当丰厚的，在与西方文化接触时，必然要排斥、斗争。这一过程经历了很长时间。中国近代正是处在新的发生、旧的未死的转折阶段。我认为，今文学派在近代史上之所以会处在一个主要位置上，主要是由于它是联系中学和西学、新学和旧学的桥梁。一方面，它是儒学的一支，可以为封建士大夫所接受，并不是完全外来的（在西汉它曾是官方的思想）。另一方面，它又不是儒家的正统，今文学派本身积累不那么丰厚，思想活泼，比较容易接纳西方的思想。这个时候，这种今文学派实际上是新旧混杂、中西融合的学派，它起了沟通中西文化的作用，它的特点是创新、变革。康梁的思想来源，实际上一个是古代的经典，另一个是借用西方的东西。他们给传统的文化注入了西方的思想内容。他们的创新不是离开了旧传统、旧学说，而是在其时代条件、思想观点基础上进行创新。所以"戊戌变法"打的招牌是孔夫子。他们"尊孔"甚至比古文学家还厉害，将儒学定为孔教，视孔教为国教。康有为写《孔子改制考》，是把孔子作为变革的老祖宗，认为孔子是改制的、变法的，借用了孔子这个招牌。今文学派作为一个学术派别，流行时间很短，只有晚清的几十年。它的长处是自由活泼，而短处是缺少学术上的积累。在方法上，不够严谨，比较主观武断，因而常常漏洞百出。不像戴、段、二王那样严密，在学术上的失误也比较多。从本质上说，今文学派与封建的学术有着血缘的联系。中国社会要走上新的路子，经过戊戌变法失败了。接着辛亥革命把清王朝推翻了，但是民主革命的任务没有完成，中国社会仍在黑暗中摸索前进。要在思想文化方面开拓出一个新的局面，前提条件是必须要对儒家几千年统治中国的思想，对整个中国古代的传统文化，做一次总的清算，这才能够找到新的出路。而要批判儒家学说，总结几千年来的传统文化的任务，仅靠今文学派是不行的。辛亥革命以后，这个学派也就销声匿迹了。这个任务到五四运动时期就落到了马列主义者的身上。这样中国文化思想才有彻底转变的可能。今文学派的转变不彻底，它与儒学关系太密切，与传统关系太密切。在当时它沟通了中西文化，起了作用，是救国救民的先进思想，但变法失败以后，就逐渐隐退，失去了它的思想上的活力。

以上所介绍的是三个思潮的产生、代表人物、特点，简略地勾画了一个轮廓。我们从清代近 300 年发展来的学术中可以学习到许多东西，总结出许多经验教训。

五

最后，谈一谈从清代文化的发展中得到的几点认识。第一是时代和文化思想的关系，第二是对于外来思想文化的吸收和排斥，第三是继承和创新。

第一，时代和文化思想的关系。

马克思主义认为文化是政治经济的反映，社会存在决定社会意识，社会意识又可以反作用于社会存在。因此，文化和现实的关系十分密切。每一时代，都有本时代特有的文化思想，它是时代的产物。刚才讲的是清代学术思想，它很显然地表现出这一点。17 世纪的思想文化不同于 18 世纪，18 世纪的思想文化又不同于 19 世纪，各有特色，各有风格，各有成就。为什么会不同？为什么会产生这样一种文化思想，而不是另一种？最根本的原因，要从社会的实际生活中去寻找，不能从思想本身去寻找。比如明清之际的思想（黄、王、顾），若离开了当时的农民战争、民族矛盾、阶级矛盾等，就不能够理解在那个时代会出现那样一个思潮。可以说，没有明末农民战争对封建王朝做"武器的批判"，就不会产生黄、王、顾的"批判的武器"。另外乾嘉学派（戴、段、二王）正是清朝中叶政治安定、社会相对停滞、经济繁荣的产物，离开这一点，就不能解释为什么有这么一大批人埋头于古代典籍的研究。晚清社会中今文学派也是时代精神的体现。每个时代都是不同的，它所给学术提供的土壤、养料、条件也是很不相同的。这里面，可以考察各种不同的文化思想的发展和各个学派的发展。研究文化思想离不开现实生活，它要从现实生活中吸取养料。同时学术文化也要回答现实所提出的问题，如果不理睬社会现实中的矛盾，没有勇气面对现实，那么这种学派就会逐渐枯萎。离开了生活，必然逐渐僵化，失去生命力，清代的汉学就有这样的情况。时代、环境与文化思想的关系，始终是文化思想史上的大问题，值得大家去探讨。这对于我们今天的文化建设而言，也是一个值得深入研究的问题。离开了当代的社会实际，就不可能产生强有力的思想学派。

第二，对外来思想文化的吸收和排斥。

一个文化思想不是单一的自我繁殖，而是会或多或少地吸收其他的文化思想。例如，中华文明以汉族文化为主体，同时吸收了中国各个少数民族的文化，也吸收了印度、东南亚文化。但是，当一种思想文化形势稳定以后，它就有了一定的排他性。它既要吸收，又要排斥，这恐怕是文化交流史上的规律。在中国历史上，佛教被接受经历了很长时间，这其中也发生了冲突的现象。清代这种现象更为明显。清初，西方的自然科学、社会科学已传入，但历时200年，没有成为中国自己的东西。这是很值得思考的问题。当时，文化传入的规模和其深度，也是相当可观的，时间也是很长的，但中国的知识界总认为自己的文化最有用、最文明，并没有认识到西方文化的优越性。中国的知识界，在鸦片战争以前，可以说对西方的认识极少。因此仅仅依靠文化本身的接触交流，不能产生强大的动力。一直到鸦片战争以后，社会发生了危机，这才唤起了对西方文化的需要和要求。但这个过程——学习西方、面向世界、走向世界，也经历了漫长而又艰难的时期。争论特别多，学什么？怎么学？这恐怕是近代思想史上极为重要的问题。在这个问题上，大家的意见是否一致呢？我们的认识是否正确呢？从西学东渐这一漫长的历程中是可以总结一点教训的，少走一些弯路。中国开始学习西方的时候，是学习船坚炮利。外国的船舰枪炮把我们打得落花流水，我们认识到这些东西厉害，但并不认为西方文化中别的东西高于中国文化。学习炮舰，这得开工厂、开矿，就得学习工程技术，就需要声光化电的知识。此后是学习西方的自然科学技术。但是自然科学和社会科学是否能分开呢？在近代的中国人看来是能分开的。"中学为体、西学为用"，中国的伦理纲常万世不变，向西方只学自然科学技术。直到严复翻译了《天演论》等，才认识到西方的社会科学也有一套，并且自然科学和社会科学是完整的一套，不能只学其自然科学而不学其社会科学。有选择地学习，究竟学什么？至今我们学习西方，这些问题仍然存在。学什么？怎么学？选择什么？选择的是否正确？清代有的事今天听来很奇怪。铁路传到中国却发生了十年争论，其中许多论点非常可笑，但当时的人是在那里认真地争论。文化的交流是相互的，不是单方面的。中国的传统文化在今天，尽管有许多弊端、糟粕，有不适应今天的生活的方面，但仍然是中华民族存在立国的基础。中国的文明已经而且将继续对世界文明做出贡献，当然必须通过我们的批判、继承、发扬的努力，才能实现。

第三，继承和创新。

继承和创新也是研究文化史的主要问题。任何文化的产生，都是立足于自己所处时代的基础之上，对过去的文化传统进行批判性继承，没有从空中落下来的文化。新文化的发展和旧文化总有一定的联系。文化的发展最富有创造性，最富有民族的特色。每个时代都有每个时代的文化。就拿清代来说，这个时期的中国传统文化与前代的文化是不一样的，它继承了前代的文化并有所创新。这三个思潮既相互联系，又相互区别。在内容上、形式上各有特色，各有贡献，各有缺陷，同时它们之间又有继承连贯的关系。每一种学术文化思潮都是它前一阶段学术文化思潮的合乎规律的向前发展。这个问题也是个新鲜的问题。今天，我们要创造社会主义精神文明，难道能够离开我们过去一贯的传统吗？当然不能。我们社会主义的精神文明不是从天上掉下来的，不是脱离开过去的优秀的东西而凭空产生出来的，当然有个继承的问题。要建设具有中国特色的、具有中国气派的光辉的文化，离不开古代的文明。当然不是仅仅继承，还要创新、发扬。在我们今天时代的基础上，运用马克思主义加以发展，从传统文化中吸取养料。

汉学探析*

一、清初"汉宋兼采"之学——黄宗羲、顾炎武

在我国封建社会中，儒家经典是封建阶级进行思想统治的主要工具，因此，经学研究很盛行，居于凛然不可侵犯的神圣地位。某个时期经学研究的趋向和风气，总是权威地影响着整个社会的思想，人们对于制度、政策、法令、文化以至人物、事件的评价，几乎都以当代的经学思想为准绳。经学的研究，包罗万象，其他各类学科，在一定意义上说，都处在派生的、附庸的地位。例如：《易经》的研究包括了哲学和数学，《书经》的研究包括了政治学、历史学、地理学，《诗经》的研究包括了文学，"三礼"的研究包括了政治学、教育学、法学、风俗学，《春秋》的研究包括了历史学。就是文字声韵以及有关草木鸟兽虫鱼的研究，也都依附于《说文》《尔雅》，离不开经学的范围。在漫长的中国封建社会里，离开了经学，就没有独立的社会科学和自然科学。

有清一代，经学研究的风气极盛，产生了所谓"汉学"。"汉学"是指研究经学时回溯和尊崇汉代的经说，是相对于"宋学"而言的。汉学作为一种思潮和学术派别，有其宗旨、特色、成就和影响，它的研究范围与重点、研究方法、指导思想、学术作风不同于其他的思潮和学派。称它为"汉学"是就其学术宗旨而说的。汉学的嫡派传人江藩写了一部《汉学师承记》，是宣扬汉学的，而汉学的反对派

---

* 原载《清史研究集》，第二辑，北京，中国人民大学出版社，1982。

方东树写了一部《汉学商兑》，是抨击汉学的。不管宣扬还是抨击，汉学家本人和其反对者都把这一思潮和学派称作"汉学"，可见"汉学"是普遍流行的名称。但也有称它为"朴学"或"考据学"的，这是就其学术风格和研究方法而说的；也有称它为"乾嘉学派"的，这是就其时代而说的。这一思潮和学派在18世纪中叶至19世纪初，也就是乾隆、嘉庆统治时期达到全盛阶段。

汉学盛行于乾嘉时期，但也有它的来龙去脉。前于它的是以黄宗羲、顾炎武为代表的清初经世之学，后于它的是晚清的今文经学。清末，著名的今文经学家皮锡瑞曾概括地指出清代200多年学术思想的变迁，他说：

> 国朝经学凡三变，国初，汉学方萌芽，皆以宋学为根底，不分门户，各取所长，是为汉宋兼采之学。乾隆以后，许、郑之学大明，治宋学者已鲜，说经皆主实证，不空谈义理，是为专门汉学。嘉道以后，又由许、郑之学，导源而上，《易》宗虞氏以求孟义，《书》宗伏生、欧阳、夏侯，《诗》宗鲁、齐、韩三家，《春秋》宗公、榖二传。汉十四博士今文说，自魏晋沦亡千余年，至今日而复明。实能述伏、董之遗文，寻武、宣之绝轨，是为西汉今文之学。[①]

这里说的"宋学"是宋明理学的总称。皮锡瑞所说"汉宋兼采之学"是指黄宗羲和顾炎武的学术派别，清代的"汉学"是从这个学术派别发展而来的。黄、顾生活在明末清初，经历了暴风骤雨般的阶级斗争和民族斗争的洗礼，富于抗清的民族意识，提倡经世致用，并有反对专制统治的民主思想的萌芽，形成了具有批判精神和求实精神的新思潮、新学风。但是，黄和顾都脱胎于宋明理学。黄宗羲的老师刘宗周是王阳明学派的传人，而顾炎武则"辨陆王之非，以朱子为宗"[②]，所以皮锡瑞说他们"皆以宋学为根底"。当然，黄宗羲、顾炎武已经不属于"宋学"，他们在许多重大问题上批判了宋

----

① 皮锡瑞：《经学历史》卷十《经学复盛时代》。
② 江藩：《汉学师承记》卷八。

学，开拓了清代学术的新风貌。黄宗羲说："明人讲学，袭语录之糟粕，不以六经为根底，束书而从事于游谈。"① 他反对这种风气，主张"穷经研史""经世致用"。黄宗羲和他的学生们都学识渊博，著作繁富。顾炎武则用"经学"来代替"理学"，他说："古之所谓理学，经学也……今之所谓理学，禅学也。不取之五经，而但资之语录，较诸括帖之文而尤易也。"② 又说："古今安得别有所谓理学者？经学即理学也。自是舍经学以言理学者，而邪说以起。"③ 黄宗羲、顾炎武的学术宗旨和研究方法是"综名核实"，提倡读书，强调实用，贵创造，重证据，反对主观臆断和空洞的说教，这是和宋明理学的末流相对立的。黄宗羲、顾炎武的学术思想需要专门论述，在这里，只指明他们的学术宗旨和方法，开启了后来的汉学家的风气，与之一脉相承，十分相似。但是，黄和顾还没有像以后的许多汉学家那样独尊汉学，走到只搞烦琐考据的狭隘道路上去，他们要"取近代理明义精之学，用汉儒博物考古之功"④，也就是义理与考据并重。所以，完全站在汉学家立场上的江藩不以黄、顾为然，认为："两家之学，皆深入宋儒之室，但以汉学为不可废耳！多骑墙之见，依违之言，岂真知灼见者哉！"⑤ 江藩过分贬抑黄宗羲和顾炎武，他的评论并不公正。但由此可以看出，清初学术的特点之一，确像皮锡瑞所说是"汉宋兼采"。

二、向汉学转变——胡渭、阎若璩

17 世纪末和 18 世纪初，即康熙中叶以后，学术界正在发生变化。变化的方向，归根结底，决定于当时的政治和经济状况。一种社会思潮和学术风尚，在其传布的过程中，总是要遵循着统治阶级

---

① 全祖望：《鲒埼亭集》卷一一《梨洲先生神道碑文》。
② 顾炎武：《亭林文集》卷三《与施愚山书》。
③ 全祖望：《鲒埼亭集》卷一二《亭林先生神道表》。
④ 黄宗羲：《南雷文约》卷一《陆文虎先生墓志铭》。
⑤ 江藩：《汉学师承记》卷八。

的利益、意志、爱好进行修正，发生演变。一些思想、观点与风格，能够与统治阶级的利益、意志、爱好相适应，就会被保存和发扬；另一些思想、观点与风格不能够与统治阶级的利益、意志、爱好相适应，甚至与之相抵触，就会被修正和抛弃。康熙中叶以后，以黄宗羲、顾炎武为代表的具有战斗精神的经世之学，正在向强调通经、重视实证但却拘守、烦琐而复古色彩浓厚的道路上走去。

这时，清朝的统治已趋稳定，经济正在恢复，满汉之间的国内民族矛盾渐渐缓和下来。以明朝孤臣孽子自命的遗老遗少死亡殆尽，抗清斗争已趋消歇。在清朝统治下出生和成长的新一代的知识分子走上了舞台，他们对清朝并不像某些遗老遗少那样抱有强烈的仇恨。知识界普遍地承认了清王朝统治的合法性，从反清变为附清。因此，那种激昂慷慨、剑拔弩张、充满着反满意识的文字越来越少，而向清朝献颂献策的文字越来越多了。知识界的这一政治转向必然会反映为学术内容和学术风尚的转变。同时，清朝政府对汉族知识分子一面压制，一面拉拢，扼杀了清初思想界生动活泼的局面。顺康两朝，迭兴大狱。通海案、科场案、奏销案，以及庄廷钺《明史》案、戴名世《南山集》案，株连极广，打击很重，令人胆战心惊。知识分子变得谨小慎微，不敢议论朝政，不敢研究现实，不敢撰写历史，研究的领域更加狭窄了。而康熙皇帝尊崇孔子，提倡儒学，编纂书籍，对知识分子诱以功名利禄，把他们的聪明才智引向对古代经典的整理、诠释上去。

继黄宗羲、顾炎武之后，胡渭、阎若璩、毛奇龄、陈启源、万斯同、姚际恒、顾祖禹等人，是清代汉学的先驱，是由清初思想过渡到18世纪汉学的中间站。他们的思想和学术有如下特点：

（1）他们与清初的进步思想家不同，反满意识渐趋泯灭。他们虽然不同于做了清朝大官的理学家魏裔介、熊赐履、李光地、张伯行等，仍保持着"布衣""处士"的外观，但实际上已和清朝合作，大多数人是清朝大官僚门下的幕宾、食客。如胡渭、阎若璩、顾祖禹都参加了大学士徐乾学奉旨开设的一统志局，而阎若璩晚年受胤禛（即雍正帝，当时尚未即帝位）的礼聘，入其潜邸，死后胤禛给他办丧事，作祭文，称赞他"读书等身，一字无假；孔思周情，旨深言大"①，很受清统治者的恩宠。又如胡渭则得到康熙帝赏识，康熙第四次南巡时，胡渭已71岁，赶到江南行宫迎驾献赋，博得康熙的欢心，又是赐馔，又是赐扇，还赏给御书"耆年笃学"的匾额，被视为不世之荣遇。万斯同是黄宗羲的学生，较有民族意识，清廷开博学鸿词科，万斯同力辞不赴，但清廷以修《明史》为钓饵，由大学士徐元文出面延聘万斯同参加明史馆工作，万斯同接受聘请，到北京修史。条件是"不署衔，不受俸"②，仍自称"布衣万某"，他和清朝官僚关系很密切，"在都门十余年，士大夫就问无虚日，每月两三会，听讲者常数十人"③。还有毛奇龄的政治转向更为突出，他出生较早，明末已是秀才，清兵入浙江，他起而反抗，参加了抗清军，失败后，改换姓名，逃亡藏匿。30年后却去参加清廷的博学鸿词科，得翰林院检讨，以后向清帝屡次献书，以邀取新统治者的顾盼为荣，章太炎批评他"晚节不终，媚于旃裘"④。他们这批知识分子已接受和依附于清朝统治，著作中并没有反抗清朝的痕迹。

（2）他们大体上继承了清初思想家强调读书、反对空谈的学风。黄宗羲曾说，"读书不多无以证斯理之变化"，顾炎武提倡"博学而文""多学而知"。因此，胡、阎等后继者读书勤奋，学识广博，考辨精审，著述宏富。阎若璩自题楹联"一物不知，以为深耻；遭人而问，少有宁日"，可以想见其学风。阎"长于考证，辨核一书，至检数书相证。侍侧者头目皆眩，而精神涌溢，眼烂如电。一义未析，反复穷思，饥不食，渴不饮，寒不衣，热不解，必得其解而后止"⑤。毛奇龄淹贯群书，博学多能，著作很多，被采入《四库全书》的就有40多种。顾祖禹"经史皆能背诵如流水"⑥。万斯同"博

---

① 江藩：《汉学师承记》卷一。
② 全祖望：《鲒埼亭集》卷二八《万贞文先生传》。
③ 钱大昕：《潜研堂文集》卷三八《万先生斯同传》。
④ 章太炎：《訄书》别录甲第六一。
⑤ 杭世骏：《道古堂文集》卷二八《阎若璩传》。
⑥ 江藩：《汉学师承记》卷一。

通诸史，尤熟于明代掌故，自洪武至天启实录，皆能暗诵"①。总之，勤奋、博学、长于考证，这是他们的优点。但是，经世致用的精神却淡薄了，钻进古书堆里，从事字句和个别事实的考证，对当代的政治和经济问题不敢问津。例如，顾炎武研究地理学，作《天下郡国利病书》，论列山川形势、城邑关隘，着眼的是现实。他的后继者也大多精通地理学，顾祖禹作《读史方舆纪要》130卷，堪称巨著，胡渭作《禹贡锥指》，阎若璩作《四书释地》，都被誉为佳作，但都是诠释经史中的山川地望、州郡设置，进行历史地理的考证，离开了经世致用的目的。

　　（3）胡渭、阎若璩等人颇具怀疑精神，治学方法较精密，治学态度较严谨。清初思想家已看出了宋明理学家的毛病：读书粗率，囫囵吞枣，不求甚解。本来，儒家经典流传2 000年之久，传写讹误，颠倒错漏，文字古奥，意义不明，甚至有人作伪掺假，如果不下一番考索订正功夫，儒家经典中的许多篇章的真实意义是难以弄清楚的。魏晋以后的学者，包括宋明理学家在内很少从事这种基本的研究工作。宋明理学家们却根据这些讹误百出、扞格难通甚至作伪的儒家经典，大加发挥，高谈阔论，奉之为不得稍稍违反的圣门教义，岂非可笑！阎若璩、胡渭以颠扑不破的证据推翻了伪古文《尚书》，辨明了河图、洛书之后出，这就把长期视为神圣的伪书打落到尘埃，使之显出原形，也暴露了宋明理学家们的愚蠢与昏蒙。阎若璩自己说："或谓愚轻议先儒，愚曰：'轻议先儒其罪小，曲循先儒而使圣贤之旨不明于天下后世，其罪大，愚固居罪之小者也。'"② 与阎若璩同时的姚际恒，写了一本《古今伪书考》，列举伪书数十种，都是古代的著名典籍，开辟了辨伪学的途径。他说："造伪书者，古今代出其人，故伪书滋多于世。学者于此，真伪莫辨，而尚可谓之读书乎？是必取而明辨之，此读书第一义也。"③ 在封建时代，人们把儒家的经籍看作知识的第一来源，现在这些书籍

---

① 钱大昕：《潜研堂文集》卷三八《万先生斯同传》。
② 阎若璩：《潜邱札记》。
③ 姚际恒：《古今伪书考·自叙》。

被怀疑，甚至被证明是伪书，知识界会发生多么大的震动！汉学发轫之初，确有一股敢于怀疑、敢于批判、敢于探索的精神。可惜在封建专制统治下，这种精神不能够发扬光大，例如毛奇龄就曾抨击河图、洛书，怀疑《周礼》《仪礼》，还大胆地批判朱熹的《四书集注》，他作《四书改错》，说："四书无一不错……然且日读四书，日读四书注，而就其注文以作八比，又无一不错……真所谓聚九州四海之铁，铸不成此错矣。"① 可是，康熙帝尊崇朱熹，把朱熹升为孔门十哲之次，毛奇龄听到这个消息，害怕触怒朝廷，赶紧把《四书改错》一书劈板销毁。

（4）这时候的学者，有不少人离开宋学，向汉学靠拢，尊崇汉代的经学研究。毛奇龄说：解释经义，"汉取十三而宋取十一，此非右汉而左宋也。汉儒信经，必以经为义，凡所立说，惟恐其义之稍违乎经，而宋人不然"②。在他看来，汉人说经较合乎"经"的本来面貌。又如陈启源所作《毛诗稽古篇》是颇有代表性的。宋以前，《诗经》的研究都尊信《小序》、《毛传》和《郑笺》，至宋苏辙、郑樵等指《小序》非传自子夏而系卫宏的伪托，朱熹作《诗集传》，采郑樵的意见，全废《小序》，并反对《毛传》《郑笺》，而以封建理学的观点说诗。宋以后的《诗经》研究者，大多是宋学一派，以理学诠释《诗经》，猜度诗人的美刺和作诗动机，甚多曲解，而对训诂名物很疏略。朱熹的书为政府所尊崇，而《小序》《毛传》《郑笺》很少人去研究了。陈启源一反朱熹的态度，尊信《小序》《毛传》《郑笺》，着重名物考证，驳斥朱熹派的说诗背离宋学而归趋汉学。《四库全书总目提要》评论陈启源的《毛诗稽古篇》："训诂一准诸《尔雅》，篇义一准诸《小序》，而诠释经旨则一准诸《毛传》，而《郑笺》佐之。其名物则多以陆玑疏为主……所辨正者，惟朱子《集传》为多……所掊击者惟刘瑾《诗集传通释》为甚，辅广《诗童子问》次之（辅广、刘瑾都是朱熹学派的传人，他们的书都是阐明《诗集传》的思想，为朱熹作护法）……其间，坚持汉学，不容一语之出

---

① 毛奇龄：《四书改错》卷一。
② 毛奇龄：《西河合集》卷五六《经义考·序》。

入。虽未免或有所偏，然引据赅博，疏证详明，一一皆有本之谈。"① 陈启源的著作已经和继起的专门汉学家十分相似，他也因此而遭到宋学家的攻击，后来，唐鉴（曾国藩的老师，理学家）就斥骂陈启源"横生妄议，诬毁圣人，专门之病，其狂悖一至此乎"②。

在汉学发轫之初，最重要的代表人物是胡渭和阎若璩。

胡渭（1633—1714，明崇祯六年至清康熙五十三年），字胐明，浙江德清人。作《易图明辨》《禹贡锥指》《洪范正论》等书，尤以《易图明辨》影响最大。《易经》本来是古代的占卜书，并没有图像。五代时，道士陈抟造河图、洛书，传给种放、穆修，再传李之才、刘牧、邵雍、周敦颐，宋代理学家都相信陈抟的话，说河图、洛书是龙马神龟从河中负出，还有所谓太极、无极、先天、后天之说，附会增益，和《易经》混在一起，托之于伏羲、文王、周公、孔子。《易经》的诠释被弄得神秘玄妙、乌烟瘴气。朱熹作《易本义》，采用这些说法，于是道士家的易说流行了几百年。胡渭的《易图明辨》证明了河图、洛书不过是道士的修炼术，是后代晚出之说。他说："《诗》《书》《礼》《春秋》，皆不可无图，惟《易》无所用图，六十四卦、二体、六爻之画，即其图也。"③ 胡渭的考据，对宋明理学是一次很大的打击。梁启超说："须知所谓无极、太极，所谓河图、洛书，实组织宋学之主要根核，宋儒言理、言气、言数、言命、言心、言性，无不从此衍出。周敦颐自谓'得不传之学于遗经'，程、朱辈祖述之，谓为道统所攸寄，于是占领思想界五六百年，其权威几与经典相埒。渭之此书，以《易》还之羲、文、周、孔，以图还之陈、邵，并不为过情之抨击，而宋学已受致命伤。"④ 胡渭以《易》还之羲、文、周、孔，仍是错误的，因为《易经》是古代长期积累的占卜文字，而《易传》则产生于战国秦汉之际，与羲、文、周、孔并无关系。但胡渭以图书还之陈（抟）、邵（雍）是很正确的，这就在

---

① 《四库全书总目提要》卷一六《经部诗类》。
② 唐鉴：《国朝学案小识》。
③ 江藩：《汉学师承记》卷一。
④ 梁启超：《清代学术概论》。

很大程度上消除了《易经》研究中附加的神秘色彩。

阎若璩（1636—1704，明崇祯九年至清康熙四十三年），字百诗，祖籍太原，生长于淮安。他最有名的著作是《古文尚书疏证》，共 8 卷。《尚书》自秦灭后，西汉初，伏生传述 28 篇，后又得《泰誓》，共为 29 篇，是为今文，立于学官。汉武帝时，从孔子家的墙壁中得古文《尚书》，孔安国献之，比今文多出 16 篇。因正当武帝末的巫蛊之祸，古文未立于学官。东汉时，此 16 篇又失传。至东晋梅赜献古文《尚书》，变成了 25 篇，还有所谓孔安国《传》。唐代孔颖达作《正义》，将原今文 29 篇与梅赜的古文 25 篇放在一起，今古文混杂，以后历代有人对梅赜所献的《尚书》表示怀疑。阎若璩证明古文《尚书》25 篇和孔安国《传》都是伪书，从《尚书》的篇数、篇名、字句、书法、文例等提出很多证据，并引用《孟子》《史记》《说文》等书作为旁证。经过阎若璩的这番考证，古文《尚书》之伪，铁证如山，不可动摇。《四库全书总目提要》称赞他："引经据古，一一陈其矛盾之故，古文之伪乃大明。""祛千古之大疑，考证之学，则固未之或先矣。"① 伪古文《尚书》，一千数百年以来，被人讽诵学习，视为神圣的经典，也是宋明理学家的重要依据。例如：被理学家们视作"孔门心传"的 16 个字，"人心惟危，道心惟微，惟精惟一，允执厥中"，就出自伪古文《尚书》的《大禹谟》。古文《尚书》既是伪书，所谓"孔门心传"那套骗人的鬼话也就被戳穿了，理学家们进退失据，非常狼狈。所以，阎若璩的《古文尚书疏证》和胡渭的《易图明辨》一样，其价值不仅在考证方法和古文献整理方面，更主要的是打击了宋明理学，甚至在某种程度上触动了儒家经典的权威。由于胡渭、阎若璩考辨伪经的影响，使有一些人对四书五经提出了怀疑。据李塨说："塨南游时，客有攻辩《中庸》、《大学》、《易系辞》以及三礼、三传者。塨见之大怖，以为苟如是，则经尽亡矣。急求其故，则自攻古文《尚书》为伪书始。"②

---

① 《四库全书总目提要》卷一二《经部书类》。
② 李塨：《古文尚书冤词·序》转引《清儒学案》卷二六。

三、汉学的形成——惠栋和吴派学者

胡渭、阎若璩等都是过渡性的人物，他们治学重视审音读字和具体的证据，但并没有打出"汉学"的旗帜，也没有完全摆脱宋明理学的影响。皮锡瑞评论说："阎（若璩）证古文之伪甚确，特当明末宋学方盛，未免沾染其说。夫据古义以斥《孔传》可也，据宋人以斥《孔传》则不可。"① 阎若璩为了证明孔安国《传》之伪，有13处征引宋儒之说，以驳《孔传》，这是阎若璩不彻底的地方。当时，宋学与汉学还在进一步分化，要到下一代，即乾隆时代，才形成了壁垒分明的对立。章太炎说：胡渭、阎若璩，"皆为硕儒，然草创未精，时糅杂宋明谰言。其成学著系统者，自乾隆朝始"②。

任何一个自成体系、别立门户的学术派别都有自己的思想宗旨、治学方法、研究重点和学术风格，这是需要长期积累、磨砺才能够形成的。到了惠栋时（雍乾之际），一切条件才基本具备，才能构筑起汉学的牢固阵地，形成和宋学分庭抗礼的局面。惠栋和他的友侣、学生都是江南苏州及附近的人，被称为清代汉学中的"吴派"。当时人这样说："吴中以经术教授世其家者，咸称惠氏。惠氏之学大都考据古注疏之说而疏通证明之，与六籍之载相切，传至定宇先生（即惠栋），则尤多著纂，卓卓成一家言，为海内谈经者所宗。"③ "于是吴江沈君彤，长洲余君仲霖、朱君楷、江君声等先后羽翼之，流风所煽，海内人士无不重通经，无不知信古，而其端自先生发之。"④

惠栋（1697—1758，清康熙三十六年至乾隆二十三年），字定宇，江苏吴县人。惠氏世代传经，曾祖惠有声是明末秀才。祖父惠周惕、父亲惠士奇是康熙年间的进士，都是有名的学者，著作很多。

---

① 皮锡瑞：《经学通论》，第1册。
② 章太炎：《訄书·清儒第十二》。
③ 任兆麟：《有竹居集》卷十《余仲霖墓志铭》。
④ 王昶：《春融堂集》卷五五《惠定宇先生墓志铭》。

惠士奇任广东学政，提倡学术，颇有成绩。惠栋生长在学术氛围浓厚的家庭环境中，"自幼笃志向学，家有藏书，日夜讲诵。自经史诸子百家杂说及释道二藏，靡不穿穴"。惠栋 20 岁就考取秀才，但屡应乡试，均不第。乾隆十五年（1750），诏举经明行修之士，当时惠栋已 54 岁，被推荐，又未被录取。他专心经术，闭户读书，未涉仕途，尤其精通易学。

惠氏的学风，继承了顾炎武的传统，治经从研究古文字入手，重视声音训诂，以求经书的意义。惠士奇说："礼经出于屋壁，多古字古音。经之义存乎训，识字审音，乃知其义，故古训不可改也。"① 又据戴震叙述惠栋的治学："松崖先生（惠栋）之为经也，欲学者事于汉经师之故训，以博稽上古典章制度，由是推求理义，确有据依。"② 惠栋认为：汉代学者都有师承渊源，训诂由经师口授，经师之说，立于学官，与经平行。要理解经书的真正意义，必须恢复汉儒的训诂，"古字古言，非经师不能辨……是以古训不可改也，经师不能废也"③。他批评魏晋以后治经者常常用俗字代替古字，使经书的意义晦而不彰。他研究《易经》，订正 70 余字，认为："诸家异同，动盈数百，然此 70 余字，皆卓然无疑当改正者。"④

惠栋提倡由古书的文字音训以求义理，这是汉学家共同信奉的原则，也是区别于宋明理学家的治学特色。惠栋继顾炎武之后开辟了新的学术蹊径，影响甚大。"乾隆中叶，海内之士知钻研古义，由汉儒小学训诂以上溯七十子六艺之传者，定宇先生为之导也。"⑤ 惠栋的后学王鸣盛、钱大昕也抱同样的主张，王鸣盛说："经以明道，而求道者不必空执义理以求之也。但当正文字，辨音读，释训诂，通传注，则义理自见，而道在其中矣。"⑥ 钱大昕说："六经者圣人

---

① 以上均见江藩：《汉学师承记》卷二。
② 《戴震集》卷一一《题惠定宇先生授经图》。
③ 惠栋：《九经古义·首说》。
④ 惠栋：《九经古义·周易下》。
⑤ 《国朝耆献类征初编》卷四一七《经学七》，张澍《书四世传经遗像后》。
⑥ 王鸣盛：《十七史商榷·序》。

之言，因其言以求其义，则必自诂训始。"① 就是吴派以外的汉学家，包括戴震等皖派学者，都持同样的观点。所以，激烈地反对汉学的方东树说，"此是汉学一大宗旨，牢不可破之论矣"，"此论最近信，主张最有力，所以标宗旨，峻门户，固壁垒，示信学者，谓据其胜理，而不可夺矣"②。汉学家们共同遵奉、反复强调的这个原则当然是有道理的，要弄清楚古代经籍中的思想内容，当然必须弄清古文字的音义。连古文字都不认识，哪里谈得上研究经籍呢？可是，魏晋以后，人们越来越不懂得古文字了，对声音训诂茫然不晓，却大言不惭地治经说经，牵强附会，随意解释，有的人干脆将不认得的古字胡乱地换成俗字，篡改经籍，真意尽失。从顾炎武开始，直到惠栋、戴震，正是针对这种不良的风气，强调要从声音、训诂、校勘、考证的基本功夫入手，来整理和研究古代的经籍，这样才能够消除长期以来附加在古书上的误解和歪曲，认识其原来的意义，这是比较严谨、比较科学的治学方法和治学态度。汉学家们对语言文字的研究花了很大精力，这门被称为"小学"的学科本来只是为了研究经籍的需要，是附属于经学研究的。后来，名家辈出，著作很多，积累丰富，"小学"成了清代的一门很发达的学科。

惠栋治学的另一个重要特点是尊信和固守汉儒的说经，因此，这个学派被称为"汉学"。"汉学"的名称不能完全反映戴震以后的学术特点，但却颇为恰当地表现了以惠栋为首的吴派学者的特色。惠栋的父亲惠士奇已很重视汉人对经籍的注释，他说："《易》始于伏羲，盛于文王，大备于孔子，而其说犹存于汉。"又说："康成三礼，何休《公羊》，多引汉法，以其去古未远。"③ 但惠士奇还不算是专宗汉学的，到了惠栋才高举"汉学"的旗帜，"凡古必真，凡汉皆好"，完全撇开魏晋以后的经说，回到汉以前去。所以，焦循说："吴人说易，父子殊方。惠士奇《易说》，独申己意。其子栋《周易

---

① 钱大昕：《潜研堂文集》卷二四《臧玉林经义杂说·序》。
② 方东树：《汉学商兑》卷中之下。
③ 江藩：《汉学师承记》卷二。

述》，则持守旧说。"①

　　清代学者回到汉儒的经说，这是清初以来学术思想发展的必然归宿。尽管清朝政府大力提倡程朱理学，可是理学的权威已经失坠，人们看到：宋儒说经，连经书中的文字句读、名物典制都没有搞清楚，甚至连经书的真伪都不辨，恰如盲人摸象，一知半解，猜度臆说。知识界已不能再建立起对宋学的虔诚信念，解除宋学的束缚，摆脱宋学的影响，这是思想潮流的大势所趋。有头脑的知识分子从笼罩数百年之久的宋儒说经的迷雾中冲出来，将走向何处？新的近代知识宝库的大门还是紧闭着的，他们不可能打开它。于是探本寻源，回到古代，希望从遥远的过去寻找到思想依据。在他们看来，汉代去古未远，遗说尚存，是求知的宝藏，要寻求古代经籍的本来面目，只有回到汉儒的经说。惠栋批评魏晋以后的学术，"盖魏晋以后，经师道丧，王肃诋郑氏而禘郊之义乖，袁准毁蔡、服而明堂之制亡，邹湛讥荀谞而《周易》之学晦。郢书燕说，一倡百和，何尤乎后世之纷纭也"②，又推崇汉代经学，"汉儒通经有家法，故有五经师。训诂之学，皆师所口授，其后乃著竹帛。所以汉经师之说，立于学官，与经平行"③。从反宋走向复汉，这是清代前期学术思想的发展趋势，吴派是这段路程的顶点，表现了强烈的复汉色彩。

　　反宋与复汉是当时思潮的相互联系的两个方面。反宋，意味着摆脱传统学术，在一定程度上是思想解放的表现。反宋的结果却回到了汉学，在当时也只有回到汉学，才能另立壁垒，与宋学旗鼓相当地对抗。但应该指出，离开宋学而完全回到汉学，表明思想学术界走上了新的歧路，是思想解放的夭亡。宋学固然主观穿凿，是替封建主义服务的学术；汉学也多附会曲解，同样也是为封建主义服务的。当时的社会条件还没有成熟到可以突破封建思想的羁绊，因此，出于此，即入于彼，仍旧在封建主义经学的老框框里兜圈子。这是吴派的局限性，大体说来，也是整个清代汉学的局限性。

―――――――――――

① 焦循：《雕菰楼集》卷一二《国史儒林文苑传议》。
② 钱大昕：《潜研堂文集》卷三九《惠先生栋传》。
③ 惠栋：《九经古义·首说》。

　　吴派的代表人物惠栋专精《周易》，著有《周易述》《易汉学》《易例》《九经古义》《古文尚书考》等书。他说："宣尼作十翼，其微言大义，七十子之徒相传，至汉犹有存者。自王弼兴而汉学亡，幸存其略于李氏《集解》中（指李鼎祚《周易集解》）。"他撰写《周易述》，研究 30 年，易稿四五次，完全抛开魏晋以后的注释，"专宗虞仲翔（虞翻），参以荀（爽）、郑（玄）诸家之义，约其旨为注，演其说为疏。汉学之绝者千有五百余年，至是而粲然复章矣"①。

　　惠栋的注意力集中于构筑汉学的森严壁垒，对汉人的易说搜辑钩稽，不遗余力，而且推崇备至。汉儒说经，有精华，也有糟粕，惠栋不加别择，全盘继承。汉代经学有今古文之分，惠栋以虞翻为主，虞翻世传《孟氏易》，属今文家；而惠栋又"参以荀、郑诸家之义"，荀爽、郑康成传《费氏易》，《费氏易》却属古文家。因此，惠栋将今古文混杂，兼收并蓄，不免相互抵触。汉人说经，讲阴阳灾异、天人合一、谶纬之学。惠栋的作品也明显受其影响。惠栋很得意的是以古字改俗字，如改正《易经》的 70 多个字，认为"卓然无疑"，是纠正了后儒妄以俗字改古字之误，其实，他改正的字也是成问题的。阮元就批评他："国朝之治《周易》者，未有过于征士惠栋者也。而其校刊雅雨堂李鼎祚《周易集解》与自著《周易述》，其改字多有似是而非者。盖经典相沿已久之本，无庸突为擅易，况师说之不同，他书之引用，未便据以改久沿之本也。但当录其说于考证而已。"② 阮元的批评是有道理的。惠栋强调复古，尊信汉人，可是汉儒的古说并不都是正确的，即使诠释经籍也是这样。《四库提要》评惠栋："其长在博，其短亦在于嗜博；其长在古，其短亦在于泥古。"③ 王引之也说："惠定宇先生考古虽勤，而识不高，心不细。见异于今者则从之，大都不论是非……来书言之，足使株守汉学而不求是者，爽然自失。"④

---

① 钱大昕：《潜研堂文集》卷三九《惠先生栋传》。
② 阮元：《揅经室一集》卷一一《十三经注疏校勘记·序》。
③ 《四库全书总目提要》卷二九《经部春秋类》。
④ 王引之：《王文简公文集》卷四《与焦理堂先生书》。

与宋学的空谈相反，惠栋治经，"笃于尊信，缀次古义，鲜下己见"①，但也并不是不正面发挥自己的思想。他的《明堂大道录》，自诩是弄清了长期没有弄清的古代明堂之制的真面目，其实不过是依据汉人之说，发挥自己的政治理想。他认为：明堂是古代祭祀、朝觐、养老、尊贤、布政、施教的地方，"立明堂为治天下之大法"。又他对"理"做了诠释，引《韩非子·解老》为根据，说"理字之义，兼两之谓也。人之性，禀于天，性必兼两。在天曰阴与阳，在地曰柔与刚，在人曰仁与义"，这是以事物矛盾对立的普遍性来解释"理"，和宋儒说"理"根本不同。又说："好恶得其正，谓之天理……后人以天理、人欲为对待，且曰：'天即理也。'尤谬。"② 这话直接驳斥了程朱理学，而和戴震的理欲说极为接近。

惠栋的朋友沈彤，学生余萧客、江声以及王鸣盛、钱大昕，钱大昕的弟侄钱大昭、钱塘、钱坫等都是苏南人。他们大多恪守惠氏尊汉的学术途径，被称为汉学中的吴派。戴震说："先生（惠栋）令子秉高与二三门弟子，若江君琴涛（江声）、余君仲林（余萧客）皆笃信所授，不失师法……而吴之贤俊后学，彬彬有汉世郑重其师承之意。"③

沈彤的代表作是《周官禄田考》。欧阳修曾怀疑《周礼》，认为按《周礼》，官多田少，禄田将不足数。沈彤考证其实施情形，以答复欧阳修的疑难，惠栋称誉此书"二千年来聚讼，一朝而决"④。其实，《周礼》是后出的书，成于战国时，书中所言托之西周，未必是西周的实际情形。沈彤据以考证西周制度的实施，未免拘泥过甚。余萧客作《古经解钩沉》，搜辑唐以前经解，是一本辑佚书，钩稽排比，用力颇勤。但成书匆促，精审不足。当时学者王鸣盛、戴震都有所批评，王鸣盛说它"好古而不知所择"，"有本系后人语妄撺入者，有本是汉注反割弃者。书不可乱读，必有识方可以有学，无识

---

①　章太炎：《訄书·清儒第十二》。
②　惠栋：《周易述·易微言下》。
③　《戴震集》卷一一《题惠定宇先生授经图》。
④　惠栋：《松崖文钞》卷二《沈君彤墓志铭》。

者观书虽多，仍不足以言学"①。戴震则批评它名为"钩沉"，"有钩而未沉者，有沉而未钩者"②。江声与王鸣盛都是继阎若璩、惠栋以后研究《尚书》的，学风和惠栋一致。江声作《尚书集注音疏》，一是尊汉注，"取马（融）、郑（玄）之注及《大传》（伏生《大传》）、《异义》（许慎《五经异义》），参酌而辑之，更旁采他书之有涉于《尚书》者以益之"③；一是好改书，以古字改俗字，"采《说文》经子所引《书》古文本字，更正秦人隶书及唐开元改易古字之谬"，并且"以篆写经，复三代文字之旧"④。这两个特点，比惠栋还要变本加厉。江声精通古文字，但泥古太深，"生平不作楷书，即与人往来笔札，皆作古篆，见者讶以为天书符篆"⑤。王鸣盛的研究范围稍广阔，但好古尊汉则尤甚。他作《尚书后案》，专尊郑玄。王鸣盛自己说："《尚书后案》何为作也？所以发挥郑康成一家之学也。"⑥ 杭世骏为此书作序称："《尚书》一经，世宗伪孔安国传，郑氏之注灭没于散亡之后……光禄卿王君西庄（即王鸣盛），当世之能为郑学者也，戚然忧之，钻研群籍，爬罗剔抉，凡一言一字之出于郑者，悉甄而录之，勒成数万言，使世知有郑氏之注，并使世知有郑氏之学。"⑦ 王鸣盛只尊奉郑康成一家，连其他汉儒的经注也放在次要地位，魏晋以后的注疏更不在话下。他评论汉代经学："两汉经生蝟起，传注麻列，人专一经，经专一师。直至汉末有郑康成，方兼众经。自非康成，谁敢囊括大典，网罗众家，删繁裁诬，刊改漏失，使学者知所归乎！"⑧ 王鸣盛的长处是别择较严，避免了惠栋兼收并蓄、混淆今古文的毛病，缺点是盲目拜倒在郑康成脚下，被古人牵着鼻子走，偏枯狭窄，不能有创造性的研究。王鸣盛说：

---

① 王鸣盛：《采集群书，引用古学》，转引《清儒学案》卷七七。
② 江藩：《汉学师承记》卷二。
③ 江声：《尚书集注音疏述》。
④ 孙星衍：《平津馆文稿下·江声传》。
⑤ 江藩：《汉学师承记》卷二。
⑥ 王鸣盛：《尚书后案·序》。
⑦ 杭世骏：《道古堂文集》卷四《尚书后案·序》。
⑧ 王鸣盛：《刘焯刘炫会通南北汉学亡半其罪甚大》，转引《清儒学案》卷七七。

"治经断不敢驳经……经文艰奥难通，但当墨守汉人家法，定从一师，而不敢他徙。"① 汉学家的弱点在王鸣盛身上表现得最为集中，而且更加理论化、固定化了。王鸣盛还以治经的方法治史，作《十七史商榷》，"主于校勘本文，补正讹脱，审事迹之虚实，辨纪传之异同，最详于舆地职官、典章制度，独不喜褒贬人物，以为空言无益也"②。

在吴派学者中，学识最博、成绩最大的要推钱大昕。他的研究范围是多方面的，精通经学、史学、天文、历算、音韵、训诂、金石、辞章，"不专治一经而无经不通，不专攻一艺而无艺不精"③。他虽也恪守汉儒的宗旨，认为"有文字而后有诂训，有诂训而后有义理"④，"诂训必自汉儒，以其去古未远"⑤，但态度不像其他吴派学者那样绝对化。他认为：对古人的学说，既不可轻易诋毁，也不应过分株守，"愚以为学问乃千秋事，订讹规过，非訾毁前人，实以加惠后学"⑥，"惟有实事求是，护惜古人之苦心，可与海内共白"⑦。他以毕生精力，作《廿二史考异》，对篇幅浩繁的"正史"做了系统而细致的研究考证。他的方法是用二十二史的不同版本互勘，也用其他书籍碑版做比较，指出了"正史"中的错误、缺漏和矛盾，订正了传抄或刊刻上的讹误。钱大昕不多谈义理，可是他的议论中也有一些突破封建框框的思想。在封建社会中，君道最尊，弑君是大逆不道，而钱大昕却认为：被弑的君主都是无道之君，如果君主贤明，也就不会产生乱臣贼子，"君诚有道，何至于弑"⑧。又封建的伦理观不准妇女改嫁，钱大昕却认为：如果夫妇之间，恩爱已绝，"去而更嫁，不谓之失节……使其过不在妇软，出而嫁于乡里，犹不失为善妇，不必强而留之，使夫妇之道苦也"⑨，这些看法是比较大

① 王鸣盛：《十七史商榷·序》。
②③ 江藩：《汉学师承记》卷三。
④ 钱大昕：《潜研堂文集》卷二四《经籍籑诂·序》。
⑤ 同上书，卷二四《臧玉琳经义杂识·序》。
⑥ 同上书，卷三五《答王西庄书》。
⑦ 同上书，卷二四《廿二史考异序》。
⑧ 同上书，卷七《答问四》。
⑨ 同上书，卷八《答问五》。

胆的。但他在某些问题上也主观保守，例如：在算学方面，他过分尊信中国的古算，轻视西方数学，江永学习西方数学较有成绩，钱大昕却讥刺江永"为西人所用"①。又中国有反切，这是语言学的一大进步，与佛教传入有关，受佛经梵文拼音的影响。钱大昕矢口否认这个明显的事实，硬说《诗经》已有反切的萌芽，他驳斥反切受佛经影响的说法，"岂古圣贤之智乃出梵僧下耶"，"吾于是知六经之道，大小悉备，后人詹詹之智，早不出圣贤范围之外也"②。这种想法反映了中国知识界中抱残守缺、夜郎自大的一面。尽管这样，钱大昕仍是清代学者中的佼佼者。当时戴震执学术界的牛耳，极为自负，瞧不起其他人，只器重钱大昕。戴震说："当代学者，吾以晓徵（即钱大昕）为第二人。""盖东原毅然以第一人自居。然东原之学，以肆经为宗，不读汉以后书。若先生（钱大昕）学究天人，博综群籍，自开国以来，蔚然一代儒宗也。以汉儒拟之，在高密（郑康成）之下，即贾逵、服虔亦瞠乎后矣。"③

四、汉学的高峰——戴震

清代的汉学中，与吴派并称的是以戴震为主要代表的皖派。"吴"和"皖"都是地名，吴派学者大多是苏南人，而皖派学者大多是安徽人。吴派和皖派并不是两个对立的学派，两派的学术主张有很多共同点，因此相互影响，互为师友。皖派稍后出，皖派的主要代表戴震比吴派的主要代表惠栋小 26 岁。吴派多治《周易》《尚书》；皖派擅长"三礼"，尤精小学、天算。吴派提倡复古，唯汉是好；皖派强调求真，方法严密，识断精审。当时学者王鸣盛论惠、戴的区别："方今学者，断推两先生，惠君之治经求其古，戴君求其

---

① 钱大昕：《潜研堂文集》卷三三《与戴东原书》。
② 同上书，卷一五《答问十二》。
③ 江藩：《汉学师承记》卷三。

是，究之，舍古亦无以为是"①。王鸣盛是惠派学者，故祖护复古。章太炎论两派的区别："吴始惠栋，其学好博而尊闻；皖南始戴震，综形名，任裁断，此其所以异也"，又说吴派"皆陈义尔雅，渊乎古训是则者也"，而"戴学数家，分析条理，皆彀密严瓅，上溯古义，而断以己之律令，与苏州诸学殊矣"②。梁启超论两派的区别："戴、段、二王（戴震、段玉裁、王念孙、王引之）所以特异于吴派者，惠派治经，如不通欧语之人读欧书，视译人为神圣，汉儒则其译人也，故信凭之不敢有所出入。戴派不然，对于译人不轻信，必求原文之正确，然后即安。吴派所得，断章零句，援古正后而已。戴派每发明一义例，则通群书而皆得其读。故吴派可名汉学，戴派则确为清学而非汉学。以爻辰纳甲说《易》，以阴阳灾异说《书》，以五际六情说《诗》，其他诸经义，无不杂引谶纬，此汉儒通习也。戴派之清学，则芟汰此等，不稍涉其藩，惟于训诂名物制度注全力焉。"③章、梁的评断是很有见地的。

皖派的出现，是清代学术发展的高峰。吴派虽然已和宋学分庭抗礼，但还不能排挤宋学。自皖派出，局面为之一变，"震（戴震）始入四库馆，诸儒皆震竦之，愿敛衽为弟子……震为《孟子字义疏证》，以明材性，学者自是薄程朱"④。此后，汉学取代了宋学，支配学术界。

汉学之所以成为文化学术的主流，和当时的社会条件是分不开的。乾隆时，清朝的统治已历 100 年，进入全盛阶段，政治稳定，经济繁荣，承平而富裕的社会为学术研究提供了良好的条件。北京和扬州、苏州，政治经济文化尤为发展，人才辈出，书院林立，刻书藏书成风。而雍乾时代，文字狱更加苛密，知识分子多埋头故纸堆中，不敢议政论史，唯以钻研经书为事。清朝的官方政策也倡导注经编书。如果说康熙朝专尊程朱，那么到乾隆时，统治者觉察到

① 洪榜：《初堂遗稿》卷一《戴先生行状》。
② 章太炎：《訄书·清儒第十二》。
③ 梁启超：《清代学术概论》。
④ 章太炎：《訄书·清儒第十二》。

理学已难以维系知识界，而必须同时提倡汉学，使这两个学派都为自己的统治服务。阮元说："我朝列圣，道德纯备，包涵前古，崇宋学之性道，而以汉儒经义实之，圣学所指，海内响风。"① 在汉学家的倡议下，清政府开始编纂《四库全书》。此举工程巨大，网罗丰富，著名的汉学家均参与其事，对学术研究起了促进作用。还有一批身居要职的官吏，如朱筠、朱珪、王昶、纪昀、毕沅、阮元等，他们本人就是有造诣的汉学家，奖掖提倡，不遗余力，因此，"乾隆以来，家家许、郑，人人贾、马，东汉学烂然如日中天矣"②。

皖派的主要代表戴震（1724—1777，雍正元年至乾隆四十二年），字东原，安徽休宁人。家庭贫寒，曾为商贩，又以教书为业。青年时，就学于著名学者江永，"永治经数十年，精于三礼及步算、钟律、声韵、地名沿革，博综淹贯，岿然大师"③。江永的贡献，一为礼学，所撰《礼经纲目》等礼学著作数种，录入《四库全书》，被誉为"精核之作"；一为声韵学，江永批评顾炎武"考古之功多，审音之功浅"④，改变顾氏古韵十部的分法，而成十三部；一为天算，改正梅文鼎论岁实消长之误。江永的学生除戴震外还有金榜、程瑶田等，都是礼学名家。戴震对江永十分推崇，称"先生之学，自汉经师康成后，罕有俦匹"⑤。戴震在学术上很受江永的影响，乾隆二十年（1755），戴震33岁，还是个穷秀才，因避仇家的陷害，逃到北京，穷困潦倒，"困于逆旅，饘粥几不继，人皆目为狂生"⑥。他带着自己的著作去拜访青年学者钱大昕，钱誉其为"天下奇才"。从此，戴震认识了一批新科进士王鸣盛、钱大昕、卢文弨、王昶、纪昀、朱筠等，他们都很钦佩戴震的学识，"耳先生名，往访之。叩其学，听其言，观其书，莫不击节叹赏。于是声重京师，名公卿争相交焉"⑦。戴震35岁至扬州，客于盐运使卢见曾的雅雨堂，结识惠

① 阮元：《揅经室一集》卷二《拟国史儒林传序》。
② 梁启超：《清代学术概论》。
③ 段玉裁：《戴东原年谱》。
④⑤ 《戴震集》卷一二《江慎修先生事略状》。
⑥ 钱大昕：《潜研堂文集》卷三九《戴先生震传》。
⑦ 段玉裁：《戴东原年谱》。

栋，"惠、戴见于扬州，交相推重"①。40岁中举人，此后往来于江西、江苏、直隶、山西，修志编书，51岁奉召以举人充《四库全书》纂修官。53岁会试又落第，特准参加殿试，授翰林院庶吉士，55岁病死。他的学生很多，段玉裁、王念孙、任大椿、孔广森都在门下受业。

戴震的学术成就，在清中叶的学者中最为突出。他学问渊博，识断精审，集清代考据学的大成，而且和其他汉学家不同，写了许多理论文章，抨击程朱理学，阐发唯物主义思想，在中国思想史上留下了灿烂的篇章。之后的学者汪中评论清代前期的学者："国朝诸儒崛起，接二千余年沉沦之绪……亭林（顾炎武）始开其端；河洛图书，至胡氏（胡渭）而绌；中西推步，至梅氏（梅文鼎）而精；力攻古文者，阎氏（阎若璩）也；专治汉《易》者，惠氏（惠栋）也；及东原（戴震）出而集大成焉"②。汪中大体勾画了汉学发展的轮廓，给戴震很高的地位。

戴震的学术成就，一是在音韵、训诂方面，他对古韵分部和声类分析均有贡献。在古韵研究方面，他和江永都是审音派，不同于之前的顾炎武，之后的段玉裁、王念孙、章炳麟的考古派。戴震把古韵分为九类二十五部，最大的特点是入声韵独立，以之与阴声韵、阳声韵相配，并认为阴阳可对转，而入声是韵类通转的枢纽。他又从古文字的音与声，推求其意义，发现了"故训音声相表里"的规律。他说："字书主于故训，韵书主于音声，然二者恒相因。音声有不随故训变者，则一音或数义；音声有随故训而变者，则一字或数音。大致一字既定其本义，则外此音义引申，咸六书之假借。其例或义由声出……凡故训之失传者，于次亦可因声而知义矣。或声同义别……或声义各别……六书假借之法，举例可推。"③他说明，必须通音声而明转注、假借，才能弄清楚许多古文字的意义。他提出的"音义相通"的规律，后来王念孙等加以发扬，取得很大成果。由于戴震精通小学，

① 王昶：《春融堂集》卷五五《戴东原墓志铭》。
② 江藩：《汉学师承记》卷七。
③ 《戴震集》卷三《论韵书中字义答秦尚书蕙田》。

从音韵、训诂的基本功夫入手，所以治经的成绩较大。戴震自言治学的特点，"仆之学，不外以字考经，以经考字"①，"一字之义，当贯群经，本六书，然后为定"②。纪昀称赞他"戴君深明古人小学，故其考证制度字义，为汉已降儒者所不能及，以是求之圣人遗经，发明独多"③。

除了小学外，戴震对名物、制度、古文献的校勘、考证也做了很多工作。如《考工记图》，根据《考工记》本文和郑康成注，绘图以明之，对郑注有订正，此书"图与传注相表里"④；又如《尚书·尧典》有"光被四表"一语，从未产生过疑问，戴震却根据孔安国《传》、《尔雅》、《说文》等书，认为"光"是个错字，应作"横"。他说：古代"横"字与"桄"字通，"桄"被误写作"光"，所以"光被"即"横被"，意即广被。他断定"《尧典》古本必有作'横被四表'者"⑤。这话说过以后几年中，他的朋友、学生、亲戚果然从各种古书里找到了"横被四表"或"横被"的好几个例子，证明戴震的论断是正确的。

戴震在古天算、古地理的研究方面，也有不少成绩。他把古代天文理论和古籍中的有关资料结合起来，解决了天文学上的一些疑难，如对"璇玑玉衡"做了考证，纠正了汉以后的误解，又从《永乐大典》中辑出久已失传的古算书多种，包括《九章算术》《海岛算经》《孙子算经》《五曹算经》《夏侯阳算经》，使我国古代的算学遗产重见于世。在古地理方面，戴震整理了郦道元的《水经注》，此书在流传中，将经文和注文混到了一起，颠倒错乱，无法读通。戴震整理此书，立下三条校勘的原则（例）：第一条，"《水经》立文，首云某水所出，以下无用重举水名。而注内详及所纳群川，加以采摭故实，彼此相杂，则一水之名，不得不更端重举"；第二条，"经文叙次所过郡县，如云又东过某县之类一语，实该一县。而注则沿溯

---

① 陈奂：《说文段注跋》。
② 《戴震集》卷九《与是仲明论学书》。
③ 纪昀：《纪文达公遗集》卷八《考工记图序》。
④ 《戴震集》卷十《考工记图序》。
⑤ 同上书，卷三《与王内翰凤喈书》。

县西以终于东，详记所径委曲；经据当时县治，至善长（郦道元）作注时，县邑流移，是以多称故城，经无言故城者也"；第三条，"凡经例云'过'，注例云'径'"①。按照这三条原则，混淆的经与注就可以清楚地区分开。段玉裁说，"得此三例，迎刃分解，如庖丁之解牛，故能正千年经注之互讹"②，基本上恢复了《水经注》原书的本来面目③。

戴震不但是个卓越的考据学家，而且是个杰出的思想家、哲学家。他在注释经籍的外衣下，阐发唯物主义哲学，反对程朱理学。他一方面重视小学和考据，他说，"今人读书尚未识字，辄目训诂之学不足为。其究也，文字之鲜能通，妄谓通其语言；语言之鲜能通，妄谓通其心志"④。他认为，只有弄清楚古代经籍中的文字、音训、名物、制度，才能懂得其中的意义。但另一方面，他并不停留在音韵、训诂、名物、制度的考释上，而是强调对经籍中思想内容的理解。他说自己是"志存闻道"，至于音训考据不过是"闻道"的手段。他虽是汉学家的领袖，却不满意大多数汉学家墨守古经传注，绝口不谈义理。他说："义理者，文章、考核之源也。熟乎义理，而后能考核，能文章。"⑤ "君子务在闻道也。今之博雅能文章、善考核者，皆未志乎闻道，徒株守先儒而信之笃。"⑥ 这不啻是对自己学派内只做考据、不谈思想的批评。他似乎预见到以后别人会拿他在音训考据方面的成就来抹杀他的哲学观点，因此声明："六书九数等事，如轿夫然，所以舁轿中人也。以六书九数等事尽我，是犹误认轿夫为轿中人也。"《孟子字义疏证》是戴震最重要的哲学著作，戴

---

① 《戴震集》卷六《水经郦道元注序》。
② 段玉裁：《戴东原年谱》。
③ 早于戴震的全祖望、赵一清也整理《水经注》，和戴震取得的结果十分相似，因此学术界有两派意见：一派认为戴震抄袭了赵一清的研究成果，如魏源、杨守敬、王国维持此种主张；另一派认为全祖望、赵一清、戴震各自独立研究，得到了大体相同的结果，并非抄袭，如段玉裁、胡适主张此说。
④ 《戴震集·尔雅注疏笺补序》。
⑤ 段玉裁：《戴东原集序》。
⑥ 《戴震集》卷九《答郑丈用牧书》。

震说："仆生平著述之大，以《孟子字义疏证》为第一，所以正人心也。"① 可是当时之人，包括戴震的朋友和学生，有许多人并不理解戴震的学术宗旨，往往推崇他在小学、考据方面的成就，而并不重视他的哲学思想。

戴震继承了清初思想家的唯物主义传统，对唯心主义理学进行了激烈的批判。他反对理学家所说的"理在气先"，认为"气"是第一性的，"气"是宇宙万物的本原。自然界的发生发展就是"气化流行"，换句话说，就是物质的运动。他说："气化流行，生生不息，是故谓之道。《易》曰：一阴一阳之谓道。洪范五行，一曰水，二曰火，三曰木，四曰金，五曰土，行亦道之通称。"② 他在这里说的"道"就是运动，阴阳五行就是矛盾着的物质，在他看来，宇宙间阴阳五行的运动变化，使事物不断地产生、变化、发展。戴震认为："理"只是"气"的运动变化的法则，是第二性的。"生生者化之原，生生而条理者化之流。"③ "理"就是事物的"条理"，只能分别地存在于各个具体的事物之中，而并不在事物之外，他说，"就事物言，非事物之外别有理义也。有物必有则"，"物者，事也。语其事，不出乎日用饮食而已矣。舍是而言'理'，非古圣贤所谓'理'也"④。戴震强烈反对理学家标榜的高出于万物之上的"理"，认为这种玄妙空虚的"理"是不存在的，是从佛教中搬来的，"其以'理'为'气'之主宰，如彼（佛教）以'神'为'气'之主宰也，以'理'能生气，如彼以'神'能生'气'也"⑤。

戴震从唯物主义的立场出发，提出了人性论和理欲说，这是他思想中最精彩、最富有战斗精神的部分。理学家把人性分成"义理之性"和"气质之性"，认为"气质之性"是产生"情欲"的罪恶渊数，高唱"惩忿窒欲"。戴震根本反对这种观点。他认为，"性"就是自然的化分，"性者，分于阴阳五行以为血气、心知，品物区以别

---

① 段玉裁：《戴东原集序》。
② 戴震：《孟子字义疏证》卷中《天道》。
③ 戴震：《原善》卷上。
④ 戴震：《孟子字义疏证》卷上《理》。
⑤ 同上书，卷中《天道》。

焉""血气、心知，性之实体也"①，因此，"性"只有"气质之性"，宋儒吹嘘的先天的"义理之性"是不存在的。人有人的性，物有物的性。人性得自然化分之全，物性得自然化分之曲，故人性善。戴震非常尊重人性，他认为：人性包括欲、情、知三方面，"欲"是对于声色嗅味的要求欲望，"情"是喜怒哀乐的感情，"知"是分辨是非、善恶、美丑的能力。他说："人生而后有欲、有情、有知，三者，血气、心知之自然也。给于欲者，声色嗅味也，而因有爱畏；发乎情者，喜怒哀乐也，而因有惨舒；辨于知者，美丑是非也，而因有好恶。声色嗅味之欲，资以养其生；喜怒哀乐之情，感而接于物；美丑是非之知，极而通于天地鬼神……是皆成性然也。"② 他认为，有了人的生命形体，就有欲、情、知，因此，反对宋儒鼓吹的"存天理，灭人欲""惩忿窒欲"。在戴震看来，"欲"是每人都具有的自然的生理要求，不应该灭掉，也不可能灭掉；"欲"不像理学家认为的那样是"万恶之源"，只要在理智的指导下，"欲"合乎规律地发展，有节制地得到满足，就是"善"，就是"仁"。他说，"欲也者，性之事也……欲不先之私则仁"③，"人之有欲也，通天下之欲，仁也"④，"圣人治天下，体民之情，遂民之欲而王道备"。戴震的道德观是和理学家截然不同的，是建立在尊重人性、承认人欲合理性的基础之上的。他认为，程朱理学把老百姓的"饥寒愁怨""常情隐曲"都说成是万恶的"人欲"，因而抹杀了群众正当的生存要求，这是残忍而虚伪的说教。他针对朱熹所说"天理、人欲不能并立"而提出"理者，存乎欲者也"⑤，"有欲而后有为，有为而归于至当不可易之谓理。无欲无为，又焉有理"⑥。

戴震大胆地揭露理学家的所谓"理"并不是真理，而不过是统治者的主观偏见，是强者欺凌和压迫弱者的口实。他大声疾呼：现

---

① 戴震：《孟子字义疏证》卷中《性》。
② 同上书，卷下《才》。
③ 戴震：《原善》卷上。
④ 同上书，卷下。
⑤ 戴震：《孟子字义疏证》卷上《理》。
⑥ 戴震：《原善》。

实世界是以强权作为公理的。

> 今虽至愚之人，悖戾恣睢，其处断一事，责诘一人，莫不
> 辄曰理者。自宋以来，始相沿成俗，则以理为如有物焉，得于
> 天而具于心，因以心之意见当之也。于是负其气，挟其势位，
> 加以口给者，理伸。力弱气慑，口不能道辞者，理屈。呜呼！
> 其孰谓以此制事，以此制人之非理哉？……尊者以理责卑，长
> 者以理责幼，贵者以理责贱，虽失谓之顺。卑者、幼者、贱者
> 以理争之，虽得谓之逆……上以理责其下，而在下之罪，人人
> 不胜指数。人死于法，犹有怜之者，死于理，其谁怜之？①

> 后儒不知情之至于纤微无憾，是谓理；而其所谓理者，同
> 于酷吏之所谓法，酷吏以法杀人，后儒以理杀人，浸浸乎舍法
> 而论理，死矣！更无可救矣！……后儒冥心求理，其绳于理，
> 严于商、韩之法，故学成而民情不知，天下自此多迂儒。及其
> 责民也，民莫能辨。彼方自以为理得，而天下受其害者众也。②

真是字字血泪，声声痛切，不知有多少无辜的卑者、弱者牺牲
在"理"字之下。"后儒以理杀人"，这是对封建礼教的悲愤控诉和
猛烈抨击，打中了理学的要害。封建专制主义除了用军事力量直接
镇压人民的反抗以外，就是用法律、礼教、道德来束缚和压迫人民。
戴震把封建的"法"和"理"相提并论，将其看作是统治者的屠刀，
这是非常大胆而深刻的见解。

应该注意到，戴震生活在18世纪的中国封建社会，清政府对文
化思想的控制很严密，文字狱层出不穷。当时虽然提倡汉学，但理
学仍是封建政权的思想支柱。戴震对程朱理学的批判不仅仅是思想
学术之争，而且是用训释《孟子》字义的形式，巧妙地开展了一场
政治斗争，他的批判锋芒实际上对准了封建专制主义和清朝的残酷
统治。章太炎正确地指出了这一点："戴氏……生当雍正、乾隆之
交，见其诏令谪人，辄介程朱绪言以玩法，民将无所措手足，故为

---

① 戴震：《孟子字义疏证》卷上《理》。
② 《戴震集》卷九《与某书》。

《原善》《孟子字义疏证》，斥理欲异实之谬……其所诃固在此不在彼也。"①

　　当然，戴震是朴素的唯物主义者，在很多问题上并不彻底，他不懂得真理的客观性，说"心之所同然，始谓之理"；又不重视实践的作用，说"重行不先重知，非圣学也"②，特别是接触到社会历史问题时，更明显地陷入了唯心主义。戴震对封建礼教、程朱理学进行了勇敢的斗争，他的思想中带有争取个性解放的色彩，是 18 世纪最杰出的学者、思想家。但总的来说，他仍尊崇孔孟，笃信经籍，以恢复和继承圣学自居。他的研究范围也局限在儒家的经典中，还不可能冲破封建学术的牢笼。

五、汉学的延续——段玉裁、王念孙、焦循、阮元等

　　一种学术派别和思想潮流发展到高峰以后，便会发生分化。站在这一学派和潮流以外的人固然会对它进行抨击，即使是属于这一学派和潮流的人，也会由于时代变迁而立场互异，对本学派的宗旨产生不同的理解和评价，从而在治学实践中进行修正、改进以至蜕化，创造出新的学派、新的思潮。思想、学术的发展犹如滚滚不尽的江河，波澜激荡，各种观点进行驳辩，各种风格相互影响，后浪推动前浪，迂回曲折地向前奔流。

　　戴震是清代汉学发展的高峰。他不但以渊博的学识、精密的考据开辟了与宋明理学不同的学术途径，树立起了新风格，做出了新成就，而且，他的思想深刻邃密，对唯心主义的程朱理学进行了尖锐的批判，这就不能不激怒一批理学的卫道者们。他们虽也承认戴震在考据方面的成就，却拼命地反对他的"义理之学"。与戴震同时的翁方纲说："近日休宁戴震，一生毕力于名物象数之学，博且勤

---

① 章太炎：《荊汉微言》。
② 戴震：《孟子字义疏证》卷上《理》。

矣，实亦考订之一端耳！乃其人不甘以考订为事，而欲谈性道，以立异于程朱。"① 还有桐城派古文家姚鼐攻击戴震"不读宋儒之书，故考索虽或广博，而心胸常不免猥鄙，行事常不免乖谬"②，"戴东原言考证岂不佳，而欲言义理，以夺洛闽之席，可谓愚妄不自量之甚矣"③。

戴震遭到宋学家的攻击詈骂，这是不奇怪的，汉宋两派的对立已势同水火。可是，汉学家内部对戴震的学术宗旨也有截然不同的理解。戴震死后，他的学生洪榜为戴震写《行状》，全录戴震逝世前一个月所写《答彭进士允初书》。此信阐述唯物主义思想，揭露批判佛老和程朱陆王的唯心主义，是戴震的杰出作品之一。戴震的朋友朱筠反对在《行状》中录载此文。朱筠是个大官，本人也是汉学家，对汉学有提倡扶植之功，又很佩服戴震的学术成就，但他说："可不必载，性与天道，不可得而闻，何图更于程朱之外，复有论说乎？戴氏所可传者不在此。"④ 在朱筠看来，戴震在音训考据方面的成就，可以传之后世，而批判程朱理学的富于战斗精神的作品，反倒是糟粕。洪榜不同意这种看法，还写信给朱筠进行辩论。可见在戴震的朋友和学生中，认识也是不同的。

戴震的后继者，包括他的学生和私淑弟子可以分成两派，一派继承了他的音训考据之学，方法更加严密，成绩更加突出，但不谈抽象的"义理"，放弃了反宋学的传统，如段玉裁和王念孙、王引之父子。另一派兼治音训考据和义理之学，继续发挥戴震的哲学思想，但议论渐趋平和，汉宋渐趋合流，如汪中、凌廷堪、焦循、阮元等。

戴震的嫡传弟子是段玉裁、王念孙。他们学识广博、治学辛勤、学风谨严、方法科学，继戴震之后，把音训考据推上了新高峰。段、王都善于"发凡起例"，即运用归纳法，从纷乱繁多的古书中，探求"条例"（也就是古书写作的规律），然后以此"条例"做演绎，来解

---

① 翁方纲：《复初斋文集》卷七《理说》。
② 姚鼐：《惜抱轩尺牍》卷五。
③ 同上书，卷六。
④ 江藩：《汉学师承记》卷六。

释古书中的疑难，改正其中的错误脱漏，弄清其内容。他们运用这种方法获得了很大成绩，消除了 2 000 年来对古代文献的许多歪曲与误解，使之恢复本来的面目，显示本来的意义。

段玉裁（1735—1815，雍正十三年至嘉庆二十年），字若膺，江苏金坛人。他的成绩完全在声音训诂方面，没有戴震那样博大精深的思想体系和多方面的学术成就，但就音训而言，却是青出于蓝。段玉裁分古音为 6 类 17 部，不同于戴震，他的方法更重视客观的归纳。现代语言学家王力教授评论戴、段的音韵学研究说："戴、段大不相同的地方，就是段氏只在《诗经》里作客观的归纳，而戴氏却根据他心目中的音理作主观的演绎……令人怀疑他的心目中的音理是否可靠，是否只从他的主观去推测古音。所以单就古音学而论，戴氏是不及段的。"[①] 段玉裁最重要的著作是《说文解字注》，《说文解字》是东汉许慎所著的字书，收字 9 300 余，一一说明其字形、字音和字义，是后人阅读古文献、研究古文字的最重要的工具书。段玉裁给此书详细作注，阐明音训，改正讹误。他最特出的成绩在于能够创通条例，例如，他说"汉人作注，于字发疑正读，其例有三：一曰'读如''读若'，二曰'读为''读曰'，三曰'当为'。读如、读若者，拟其音也……读为、读曰者，易其字也……当为者，定为字之误、声之误而改其字也，为救正之词……三者分而汉注可读，而经可读。"[②] 又如，"汉人注经之例，经用古字，注用今字……学者以此求之，思过半矣"[③]。用他的这些"义例"来研读经籍和传注，果然豁然贯通，可以解决很多疑难。阮元说："自先生此言出，学者凡读汉儒经子汉书之注，如梦得觉，如醉得醒，不至如冥行摘埴，此先生之功三也。"[④] 卢文弨称赞段氏的《说文解字注》，"悉有佐证，不同臆说，详稽博辨，盖自有《说文》以来，未有善于此书

---

① 王力：《汉语音韵学》，第 3 编，第 5 章，第 29 节，320～335 页，北京，中华书局，1956。

② 段玉裁：《经韵楼集》卷二《周礼汉读考序》。

③ 段玉裁：《周礼汉读考》卷二《牛人》。

④ 阮元：《揅经室一集》卷一一《周礼汉读考六卷序》。

者"①。王念孙称赞段玉裁"于古音之条理，察之精，剖之密……于许氏之说正义、借义，知其典要，观其会通……盖千七百年来无此作矣"②。王国维也说段书"千古卓识，二千年来治《说文》者，未有能言之明白晓畅如是者也"③。

王念孙（1744—1832，乾隆九年至道光十二年），字怀祖，江苏高邮人，其代表作为《读书杂志》和《广雅疏证》。《读书杂志》用校勘以及分析语法的方法，结合王氏渊博的知识，考订了许多古书中的音训句读和文字讹误，"一字之证，博及万卷，折心解颐，他人百思不能到"④，"凡立一说，必列举古书，博采证据，然后论定，故最足令人信服，苟无强有力之反证，不足驳其说也。清代考证学之成功，由其方法之精密，此书其代表也"⑤。例如《淮南子》一书脱误甚多，王念孙以道藏本和明刻本为主，参以其他刻本以及古书中的引文，订正讹误500多条，更难能可贵的是能够归纳出此书致误的若干原因。王念孙的另一部著作《广雅疏证》是对汉张揖《广雅》一书的校勘和训释，改正原书所收错字580处，漏字490处，衍字39处，颠倒错乱132处，正文和音内字混淆者69处。并且根据古代文字音近义通的原则，从一个字的训释考证，"引申触类"，联系到很多字，找出它们相通之迹，这就是音声通转的法则。王念孙说："诂训之旨，存乎声音，字之声同声近者，经传往往假借。学者以声求义，破其假借之字而读本字，则涣然冰释。如因假借之字强为之解，则诘屈不通矣。毛公诗传多易假借之字而训以本字，已开改读之先。至康成笺诗注礼，屡云某读为某，假借之例大明。后人或病康成破字者，不知古字之多假借也。"⑥ 王念孙父子在这方面做出了杰出贡献，把语音和词义联系起来，纠正了前人研究中把字音和字义截然分开的缺点。阮元称赞《广雅疏证》一书："凡汉以

---

① 卢文弨：《抱经堂文集》卷三《段若膺说文解字注序》。
② 王念孙：《王石臞先生遗文》卷二《段若膺说文解字注序》。
③ 王国维：《观堂集林》卷七《说文今叙篆文合以古籀说》。
④ 阮元：《揅经室续集》卷二下《王石臞先生墓志铭》。
⑤ 萧一山：《清代通史》中册，640页。
⑥ 《清史稿》卷四八一《王念孙传》。

前，《仓》《雅》古训，皆搜括而通证之。谓训诂之旨，本于声音，就古音以求古义，引申触类，扩充于《尔雅》《说文》之外，似乎无所不达。然声音文字部分之严，则一丝不乱，此乃借张揖之书，以纳诸说，实多张揖所未及知者，而亦为惠氏定宇、戴氏东原所未及。"①

　　王引之（1766—1834，乾隆三十一年至道光十四年），字伯申，王念孙的儿子，著《经传释词》和《经义述闻》。《经传释词》是研究古文虚字的作品，古书中的许多虚字，注释家从来不加注释，或者当作实字来解释，因此意义不明，或发生误解。王引之具备文法观念，从古书中归纳出许多虚字，他说，"见其词之发句助句者，昔人以实义释之，往往诘屈为病"，"盖古今异语，别国方言，类多助语之文，凡其散见于经传者，皆可比例而知，触类长之，斯善式古训者也"②。所谓"比例而知，触类长之"就是运用归纳和演绎的方法。王引之归纳了 160 个虚字，考订其源流演变，解说其意义和用途。他的《经义述闻》是研究古书中的声韵训诂并订正其讹误的，在王氏的著作中尤为出色。此书集考证的零星成果而变为系统的学术论文，阮元称赞说："凡古儒所误解者，无不旁征曲喻而得其本义之所在，使古圣贤见之，必解颐曰'吾言固如是，数千年误解之，今得明矣'。"③ 因其中有不少研究成果是王引之述其父王念孙之说，故名《经义述闻》。王氏父子在声韵训诂和校勘方面，贡献很大。他们的著作都是归纳大量材料，得出结论，有较高的科学价值，因而得到学术界很高的评价。阮元说："高邮王氏一家之学，海内无匹。"④ 章太炎说："高邮王氏，以其绝学，释姬汉古书，冰解壤分，无所凝滞，信哉千五百年未有其人也。"⑤ 就是站在理学家立场上激烈反对汉学的人，也不能不对王氏父子的学术成就表示敬佩，如方东树说："高邮王氏《经义述闻》，实足令郑（康成）、朱（熹）俯

① 阮元：《揅经室续集》卷二《王石臞先生墓志铭》。
② 王引之：《王文简公文集》卷三《经传释词序》。
③ 阮元：《揅经室一集》卷五《王伯申经义述闻序》。
④ 同上书，卷二《王石臞先生墓志铭》。
⑤ 章太炎：《訄书·订文第二十五》，附《正名杂文》。

首，汉唐以来，未有其比。"①

　　另一部分学者和段玉裁、王念孙不同，虽然也从事音训考据，却并不局限于此，而是兼谈"义理"，治学途径和戴震相似。他们都未直接受业于戴震，却很钦佩戴震。他们是汪中、凌廷堪、焦循、阮元等。

　　汪中（1744—1794，乾隆九年至乾隆五十九年），字容甫，江苏江都人。出生于贫苦知识分子的家庭，幼年丧父，生活很艰苦。他考上拔贡以后，就未再应试，为了谋生，长期游幕在外。他也搞音训考证，但很重视求真和致用，文章写得很好。汪中自述治学的宗旨："实私淑顾宁人处士，故尝推六经之旨，合于世用。及为考古之学，惟实事求是，不尚墨守。"② 他继承了反理学的传统，指出理学家尊奉的《大学》一书不是孔子所作，他说："门人记孔子之言，必称'子曰''子言之''孔子曰''夫子之言曰'以显之。今《大学》不著何人之言，以为孔子，义无所据。"③ 在汪中看来，宋儒为了要控制思想界，把不知何人所作的《大学》拿来冒充圣人经典，并且置于"四书"之首，这是弄虚作假的手法。他最讨厌程朱理学，"君最恶宋之儒者，闻人举其名，则骂不休"④。汪中又激烈抨击封建礼教，反对要求妇女殉节、守节。他还很注意诸子的研究，先后校勘考释《老子》《墨子》《荀子》《新书》《吕氏春秋》，开拓了研究的范围。他对荀子的评价很高，认为荀子才是孔子学说的真正继承人。他又为墨子辩护，认为孟子说墨学"无父"是没有根据的。汪中敢于评论古今人物，其思想在当时算是比较解放的，因此遭到某些人的嫉恨。卢文弨说他，"不恕古人，指瑕蹈隙，何况今人，焉免勒帛。众畏其口，誓欲杀之"⑤，这样的人总是经常受打击排挤的。汪中打算写一部规模庞大的古代学术史，书名《述学》，可惜未能完成。现存《述学》一书是他儿子把汪中的文章编在一起的，已不是原计划的著作。

----

　①　方东树：《汉学商兑》卷中。
　②　汪中：《述学·别录》卷一《与巡抚毕侍郎书》。
　③　同上书，卷一《大学平议》。
　④　凌廷堪：《校礼堂文集》卷三五《汪容甫墓志铭》。
　⑤　卢文弨：《抱经堂文集》卷三四《公祭汪容甫文》。

凌廷堪（1755—1809，乾隆二十年至嘉庆十四年），字次仲，安徽歙县人。他很推崇其同乡江永、戴震的学术，反对宋明理学，认为朱熹、王阳明都袭取了佛、老思想，背离了儒学正统。他的诗中说："阳明学亦考亭学（指朱熹），窃钩窃国何讥焉。至今两派互相诟，稽之往训皆茫然。"① 这是对官方哲学何等大胆的蔑视！凌廷堪精研礼学，作《复礼》三篇，认为礼是身心的矩则、行为的规范，"圣人之道，一礼而已"②。他反对理学家提倡的"理"，主张以"礼"代"理"，他说"圣人不求诸理而求诸礼，盖求诸理必至于师心，求诸礼始可以复性也"③。凌廷堪可称是反宋学的后劲，但他主张回到陈腐烦琐的"礼"，仍没有越出封建意识形态的樊篱。凌廷堪作《礼经释例》，认为《仪礼》17 篇，"其节文威仪，委曲繁重，阅之如治丝而棼，细绎之皆有经纬可分也"，因此，必须贯通全书，用归纳法寻求书中的"例"，"例"就是此书的经纬途径，"其宏纲细目，必以例为主"④。这也就是戴、段、二王"发凡起例"的方法，不过凌廷堪用这个方法来研究礼学罢了。此外，他对古乐也很有研究，考述唐代的燕乐，作《燕乐考原》。

焦循（1763—1820，乾隆二十八年至嘉庆二十五年），字理堂，江苏甘泉人。中举人后，即放弃科举，绝意仕进，闭门读书。他很佩服戴震，称："循尝善东原戴氏作《孟子字义疏证》，于理道天命性情之名，揭而明之如天日。"⑤ 他精通天文、算学、音训，治《毛诗》、"三礼"、《论语》、《孟子》，而尤其擅长易学，著《易通释》、《易图略》和《易章句》，称"易学三书"。他认为，《易经》中有"相错""旁通""时行"三种法则，贯穿于全书。所谓"相错"就是对立物的统一，所谓"旁通"就是按照和谐的秩序发生变化，所谓"时行"就是变化的循环往复。焦循在经学的外衣下建立了自己的哲学思想体系，承认矛盾，强调变化，但又倾向于调和论、循环论。

① 凌廷堪：《校礼堂诗集》卷一四。
② 凌廷堪：《校礼堂文集》卷四《复礼上》。
③ 同上书，卷四《复礼下》。
④ 凌廷堪：《礼经释例·自序》。
⑤ 焦循：《雕菰楼集》卷一六《论语通释自序》。

在当时的汉学家中，多数人只搞烦琐考证，像焦循这样的成就确是出类拔萃的。他将数学知识运用于《易经》研究，"以数之比例求《易》之比例"，又注重实测，他说："夫《易》犹天也。天不可知，以实测而知……本行度而实测之，天以渐而明。本经文而实测之，《易》亦以渐而明，非可以虚理尽，非可以外心衡也。"① 他的这种研究方法突破了历代注疏的樊篱，因而获得了新成果。王引之很推崇他："奉手书，示以说《易》诸条。凿破混沌，扫除云雾，可谓精锐之兵矣。——推求，皆至精至实。要其法，则'比例'二字尽之。所谓比例者，固不在他书而在本书也。"②

焦循的哲学是变化的哲学，汉学家内重视发展变化的，焦循是第一个。他推崇"变通"，认为"仁义由于能变通。人能变通故性善，物不能变通故性不善"③。正因为世界是变化的，所以典章制度和圣人言论都是有条件的，并不是终极真理，"井田、封建，圣人所制也，而后世遂不可行，则圣人之言且不定也。故有定于一时，而不能定于万世者；有定于此地，而不能定于彼地者；有定于一人，而不能定于人人者；此圣人所以重通变之学也"④。焦循的这种看法颇有历史观念，不同于许多汉学家的泥古不化。焦循又认识到，事物具有矛盾着的两个方面，他要求把握两个方面而达到全面性的认识，反对只见其一不见其二的形而上学。他说，"盖异端者生于执一，执一者生于止知此而不知彼"⑤，"执其一端为异端，执其两端为圣人"⑥。他的学术宗旨是融会众说，兼容并包，而反对党同伐异、门户之争。

阮元（1764—1849，乾隆二十九年至道光二十九年），字伯元，号芸台，江苏仪征人。进士，历任督抚要职，官至体仁阁大学士。他积极提倡学术研究，校刊、编印书籍，设立书院，奖掖人才。治

---

① 焦循：《雕菰楼集》卷一六《易图略自序》。
② 王引之：《王文简公文集》卷四《与焦理堂先生书》。
③ 焦循：《孟子正义·性犹杞柳章》。
④ 焦循：《雕菰楼集》卷十《说定下》。
⑤ 焦循：《论语通释·释知》。
⑥ 焦循：《论语通释·释异端》。

学途径则和戴震相似，主张通过音韵训诂，弄清古代经典的内容、意义。他说："圣贤之道存于经，经非诂不明，汉人之诂，去圣贤为尤近。"① 这是一般汉学家都信奉的原则。但阮元仅把音训看作是寻求"义理"的工具而非治学的目的。他说："圣人之道，譬若宫墙，文字训诂，其门径也，门径苟误，跬步皆歧，安能升堂入室乎？或者但求名物，不论圣道，又若终年寝馈于门庑之间，无复知有堂室矣！"②

阮元也擅长用归纳法，例如他研究"仁"，统计了《论语》中105个"仁"字的意义和用法，认为"仁"的原意是"人之相偶"，即指人与人的关系，这是归纳古训以求古义的方法。他反对理学家"生生之谓仁"的解释，也反对端坐静养以求"仁"。他说："凡仁，必于身所行者验之而始见，亦必有二人而仁乃见。若一人闭户斋居，瞑目静坐，维有德理在心，终不得指为圣门所谓之仁矣。"③ 阮元说过一些调和汉学、宋学的话，也没有直接批判宋学，但他的思想和学术途径是和宋学家不同的。例如他对"性""命"的考释，他举出《尚书·召诰》和《孟子·尽心》中对"性"字、"命"字的用法和意义，排列了诸经的古训，得出结论，认为古代经典中"性"字的原意和理学家的解释不同。阮元说："'性'字从心，即血气心知也。""味色声臭喜怒哀乐皆本于性，发于情者也。"理学家说"性内无欲"，"欲即是恶"，主张"灭人欲"。阮元反驳道："欲生于情，在性之内，不能言'性内无欲'，欲不是善恶之恶。天既生人以血气心知，则不能无欲，惟佛教始言绝欲……此孟子所以说味色声臭安佚为性也。"④ 阮元承认情欲的合理性，他的思想是和戴震一脉相承的。

六、汉学的衰落——俞樾、孙诒让

19世纪上半期，也就是鸦片战争前夕，汉学已走过了它的全盛

---

① 阮元：《揅经室二集》卷七《西湖诂经精舍记》。
② 同上书，卷二《拟国史儒林传序》。
③ 同上书，卷八《论语论仁论》。
④ 同上书，卷十《性命古训》。

期而趋于衰落。这个学派和思潮，自有其产生和存在的根据。在此之前，理学统治思想界已有 500 多年，已明显地暴露了它的腐败、虚伪和空疏。汉学是作为理学的对立物而产生的。汉学重实证，强调客观的、具体的研究，反对空谈，反对附会说经，方法比较精密，态度比较严谨。清代汉学家们以极大的功力对古代文献进行了细致的整理爬梳，剔除了 2 000 多年来对古代经籍的不少歪曲、误解，弄清了句读训诂，为清理和总结我国丰富的历史文化遗产打下了坚实的基础。汉学家们在治学中发展了小学、校勘、目录、辑佚，也都是研究古代历史文化不可缺少的手段。章太炎评论乾嘉学者"审名实，重佐证，戒妄牵，守凡例，断情感，汰华辞，六者不具而能成经师者，天下无有"[1]。汉学家就是这种抱客观态度、重视材料证据、长于归纳方法、反对主观附会、反对华而不实的学问家。

但是，汉学作为一种社会思潮，明显具有严重的弱点，即它的研究对象十分狭窄，局限在古代儒家经典的范围内，一天到晚孜孜砣砣，钻在圣经贤传里面，为经典做注释。注经是中国封建社会中历来做学问的基本形式，它首先是把尧、舜、禹、汤、文、武、周公、孔、孟这些传说和历史人物神圣化、偶像化，认为宇宙中的真理已被这些圣人们所穷尽，后继的子孙只需舔食他们的唾余。人们需要做的不过是去体察圣人的训示，阐发圣人的教诲，使圣人遗教传至无穷而勿使失坠。因此，学者们不是从生活中提出新问题，解决新矛盾，而是在圣经贤传中反复咀嚼，寻章摘句，即使有头脑的思想家，往往也以说经注经的形式来发挥自己的见解。学术思想界的这种情况，正反映了一个长时期以来封闭而停滞的社会的特征，复古主义猖獗，烦琐主义盛行，陈腐保守，思想僵化。尽管汉学家中也有一些杰出的思想家，也产生了许多精深的专业研究的成果，但作为一种社会思潮，汉学走上了歧路，成为一个狭隘、偏枯的学派，越到后来，汉学的缺点暴露得越明显。

最早起来反对汉学的是理学家翁方纲、姚鼐。翁、姚站在卫道

---

[1]　章太炎：《太炎文录》初编，卷一。

者的立场上，对汉学家攻击谩骂，并没有说出多少道理。与此同时的历史学家章学诚却对汉学做了比较合乎实际的批评，章学诚既反对理学，也反对汉学。理学与汉学虽然是对立的学派，但它们都是封建地主阶级的学术，共同尊奉孔孟，把儒家经典看作是知识的源泉和衡量真理的准绳。章学诚提出"六经皆史"，把儒家经典看作不过是历史书籍、古代文献，没有什么了不起的神秘。他反对汉学家泥古守旧，批评他们"昧于知时，动矜博古"，"学者但诵先圣遗言而不达时王之制度"①。汉学家主张必先通音韵训诂，才能读经，才能研究经典的思想内容。章学诚却认为，离开经传也可以发挥好的思想见解，"就经传而作训诂，虽伏、郑大儒不能无强求失实之弊……离经传而说大义，虽诸子百家未尝无精微神妙之解"②。章学诚生活在汉学鼎盛的时代，是第一个能够指明汉学弱点的人。

到了19世纪，汉学的流弊越来越严重，不满和批评汉学的人多起来了。连汉学家本人也承认这一点，如段玉裁自称："喜言训故考核，寻其枝叶，略其本根，老大无成，退悔已晚。"③ 最激烈地反对汉学并且对其做了系统批判的是方东树。道光初，他写成《汉学商兑》，指责汉学的六个缺点："其一力破理字，首以穷理为厉禁，此最悖道害教；其二考之不实，谓程朱空言穷理，启后学空疏之陋……其三则由于忌程朱理学之名及《宋史·道学》之传；其四则畏程朱检身，动绳以理法，不若汉儒不修小节，不矜细行，得以宽便其私……其五则奈何不下腹中数卷书，及其新慧小辨……其六则见世科举俗士，空疏者众，贪于难能可贵之名，欲以加少为多，临深为高也。"④ 方东树的批评，大多也是宋学家的门户之见，但也有一些击中汉学的要害。例如，他反对汉学的复古崇汉，说："言不问是非，人唯论时代，以为去圣未远，自有所受，不知汉儒所说，违误害理者甚众。"又方氏驳斥汉学家所说"由训诂以通义理"、"夫谓

---

① 章学诚：《文史通义》内篇《史释》。
② 章学诚：《章氏遗书》卷一三《校雠通义》外篇《吴澄野太史历代诗钞商语》。
③ 段玉裁：《经韵楼集》卷八《朱子小学恭跋》。
④ 方东树：《汉学商兑》卷下。

义理即存乎训诂是也。然训诂多有不得真者，非义理何以审之？……解经一在以其左证之异同而证之，一在以其义理之是非而衷之。两者相须不可缺，庶几得。今汉学者全舍义理而求之左验，以专门训诂为尽得圣道之传，所以蔽也。"① 这些话确也抓住了汉学的弊病。

历史进入19世纪，盛极一时的汉学衰落了，这和当时的社会政治状况是有密切联系的。乾隆后期及嘉庆时期，阶级斗争已经激化，北方的白莲教、天理教，南方的天地会以及边远地区的回族、苗族、维吾尔族等少数民族，纷纷起来反对清朝统治，战乱绵延，烽火不绝，直至19世纪中叶，爆发了伟大的太平天国农民革命，震撼了中国大地。同时，外国资本主义侵略者，声势咄咄，叩关而入，企图把中国变成它们的殖民地。中国历史的进程发生了天翻地覆的变化，封建社会面临着前所未有的危机。知识分子再也不能封闭在古代经籍的小天地里自我陶醉、不问世事、寻章摘句、皓首穷经了。社会的普遍动乱，把他们拉回到现实中来，睁眼面对种种复杂而尖锐的矛盾。很显然，长期禁锢在古代经籍中的汉学，并不能教导人们怎样去认识、分析和处理现实生活中的新问题，这个学派和现实严重地脱节，不能适应迅速变化的形势，不能解答生活中提出的问题。就像魏源说的那样："自乾隆中叶后，海内士大夫兴汉学，而大江南北尤盛……争治诂训音声，爪剖釽析……锢天下聪明智慧出于无用之一途。"② 的确，这种"无用"之学，在封建的太平盛世可以作为典雅的装饰品而存在，到了动荡的时代，就失去了继续发展和繁荣的可能。19世纪前半期，思想界发生了进一步的分化和转变，知识分子纷纷离开汉学，从故纸堆里爬出来，转向现实生活，提倡经世致用。有的从事盐政、漕运、钱币的研究，希望弥补清廷财政的漏卮；有的关心边疆地理和民族问题，敏锐地觉察到了外国侵略的危机；有的议论朝政，鼓吹变法，揭露黑暗吏治，同情人民的痛苦。这样，一个崭新的学派应时而生，这就是清代的今文经学。

今文经学不株守古代典籍的章句文字，而要"寻先圣微言大义

① 方东树：《汉学商兑》卷中之下。
② 《魏源集》上册《武进李申耆先生传》。

于言表之外"，它是一个比较活泼而少受拘束的学派。今文经学家提倡"通于天道人事，志于经世区时"，并且本着"张三世""通三统"的历史进化观点，主张改革旧制度以适应新潮流，这就使今文学派壁垒一新，与程朱理学或汉学完全区别开来。这个学派，由庄存与、刘逢禄开其端，继之以龚自珍、魏源，至康有为而发扬光大，学术和政治结合在一起，成为戊戌变法运动的倡导者、推动者。

嘉道以后，今文经学兴起，汉学衰落，李慈铭描述当时学术界的风气说：

> 嘉庆以后之为学者，知经之注疏不能遍观也，于是讲《尔雅》，讲《说文》；知史之正杂不能遍观也，于是讲金石，讲目录，志已偷矣！道光以后，其风愈下，《尔雅》《说文》不能读而讲宋版矣，金石目录不能考而讲古器矣。至于今日，则诋郭璞为不学，许君为蔑古，偶得一模糊之旧椠，亦未尝读也，瞥见一误字，以为足补经注矣。间购一缺折之赝器，亦未尝辨也，随模刻划，以为足傲汉儒矣。金石则欧、赵何所说，王、洪何足道，不暇详也，但取黄小松小蓬莱阁金石文字数册，而恶《金石萃编》之繁重，以为无足观矣！目录则晁、陈何所受，焦、黄何所承，不及问也，但取钱遵王《读书敏求记》一书，而厌《四库提要》之浩博，以为不胜诘矣！若而人者，便足抗衡公卿，傲睨人物，游谈废务，奔竞取名，然已为铁中之铮铮，庸中之佼佼，可不痛乎！①

道光以后，汉学的末流已失去了早期汉学博大精深、方法严密的优点，而成为玩弄古董了。只有少数学者还能保持朴实的学风，继承乾嘉大师的遗绪，在专业领域中做出贡献，最著名的有俞樾和孙诒让。

俞樾（1821—1907，道光元年至光绪三十三年），字荫甫，号曲园，浙江德清人。他学识渊博，著述宏富，生平崇尚高邮王氏之学。他仿照王引之《经义述闻》的体裁，撰《群经平议》；仿照王念孙

---

① 李慈铭：《越缦堂日记》一二《札记》。

《读书杂志》的体裁，撰《诸子平议》；又根据前人和自己研究古籍
的经验，对古书中用字造句以及文字、篇章的错乱、衍缺，举出 88
条公例，使读者举一反三，撰《古书疑义举例》，总结出校勘和音训
方面的若干规律。俞樾的学生章太炎把他和王氏父子做比较，说：
"治《群经》（《群经平议》）不如《述闻》（《经义述闻》）谛，《诸
子》（《诸子平议》）乃与《杂志》（《读书杂志》）抗衡，及为《古
书疑义举例》，钏察觎理，疏渺比昔，牙角才见，绌为科条，五寸之
榘，极巧以玨，尽天下之方，视《经传释词》，益恢廓矣！"①

另一著名学者孙诒让（1848—1908，道光二十八年至光绪三十
四年），字仲容，浙江瑞安人。他的主要作品有《周礼正义》《墨子
间诂》等。《周礼》是今古文争讼的焦点之一，古文学家相信它是周
公的制作，今文学家则称之为"六国阴谋之书"。孙诒让是从古文学
家的立场来疏注此书的，"博采汉唐以来，迄于乾嘉诸儒旧诂，参互
证绎"，历时 20 年，至 1899 年成书。孙氏注疏此书，已受到西方资
本主义文明的冲击，以注经的形式鼓吹向西方学习。他说："中国开
化四千年，而文化之盛，莫尚于周，故《周礼》一经，政治之精详，
与今泰东西各国所以致富强者，若合符契。然则华盛顿、拿破仑、
卢梭、斯密亚丹之伦所经营而讲贯，今人所指为西政之最新者，吾
二千年前旧政已发其端。"② 孙诒让把西方文明说成中国"古已有
之"，这当然是不对的。但他同情变法维新，援引古代经典来证明学
习西方的合理性，这和同时的今文学家康有为托古改制实殊途而同
归。孙诒让的另一名著是《墨子间诂》。《墨子》一书 2 000 多年来被
视为异端邪说，没有人研究和作注，且文义古奥，错乱很多，难于
读通。乾嘉时代的卢文弨、汪中、毕沅、孙星衍等做过片段的考释，
孙诒让以毕沅的考释为主，采集各家的研究成果，参以自己的见解，
对《墨子》做了全面而细致的整理，使此书基本能够读通。俞樾称
赞孙氏的成绩："整纷剔蠹，脉摘无遗，旁行之文，尽还旧观，讹夺

① 章太炎：《太炎文录》卷二《俞先生传》。
② 孙诒让：《周礼正义序》。

之处，咸秩无紊，盖自有《墨子》以来，未有此书也。"① 章太炎则说："集众说，下己意，神旨洞明，文可讽诵。自《墨子》废二千岁，儒术孤行，至是较著。"② 现代研究《墨子》的人，在句读训诂方面都以此书为根据。

俞樾、孙诒让上接乾嘉汉学的传统，在学术上做出了一定的成绩。但这时西方的资本主义文化传入中国，影响日益扩大，思想界则今文学派占主导地位，汉学已走完了全部路程而接近终点了。俞、孙的后一辈，如章太炎、王国维、刘师培等和乾嘉学派也存在着密切关系，他们继承了汉学家的研究方法和学术成果。但时代毕竟不同了，章、王、刘等都不同程度地接受了西方文化的熏陶，并在维新变法或反满革命中成长，他们已是资产阶级的学术派别和思想潮流，无论在治学宗旨、研究领域、研究方法以及学术成果方面，都大大不同于乾嘉汉学。他们的学术思想需另做专门的论述。

---

① 俞樾：《墨子间诂序》。
② 章太炎：《太炎文录》卷二《孙诒让传》。

吴、皖、扬、浙*
——清代考据学的四大学派

　　清代学术的主流是考据学，或称朴学、汉学。清代考据学是中国学术史上压轴之篇章。有清一代，学者辈出，群星灿烂。考据学素有吴派和皖派之分，吴派以苏州惠栋为代表，皖派以休宁戴震为代表。其后又有扬派，以高邮的王念孙、王引之，仪征的阮元为代表，他们都属扬州人。我还认为，晚清的浙江学者可以自成一军，他们上承乾嘉大师的朴学遗风，下开 20 世纪之新学术，其代表人物有德清的俞樾、定海的黄以周、瑞安的孙诒让、余杭的章太炎、海宁的王国维。浙学一派是清代考据学的殿军，又是近代学术的开创者。

　　以地域来区分学派，可以大致归纳学者的类型，但界限不能十分清晰。有些学者籍贯相同而学风迥异，有些学者地域不同而学风却很一致。吴、皖、扬、浙四个学派实际上代表清代考据学发展的四个阶段，即：乾隆前期、乾隆中期、乾嘉时期和晚清时期。吴、皖、扬、浙时代先后不同，各为其一阶段。学术史上通常有两种情形。一种情形是，在同一时期内存在相互对立的多个学派，它们的学术思想不同，方法不同，师承不同，如两汉的今文学派和古文学派、宋明的程朱理学和陆王心学、清代的汉学和宋学，由于彼此的宗旨不同，相互驳辩质难，进行争论，形成各自的营垒，分门角立，旗帜鲜明。另一种情形如宋代理学中的濂、洛、关、闽，清代朴学中的吴、皖、扬、浙，它们的学术宗旨相同，方法接近，而且有前后师承的关系，本属同一个学派，但在不同时段、不同地区所诞生

---

　　* 原载《人民政协报》，1999 年 9 月 29 日。

的学者，他们治学的重点有不同，研究的风格有差异，这种不同和差异，是在学派内部总的一致性之中的具体区别，是大同中的小异，而非根本的对立。

清代考据学或汉学是在反对宋明理学的基础上发展而来的。清初学者阎若璩、胡渭、毛奇龄、姚际恒等攻击理学家所据以立论的古代经典很多是伪托或经篡改的古籍。考据学吴派的宗师惠栋认为，要弄清楚经典的原意，第一，必须回到汉代，寻求汉人的经说，因为汉儒离孔子不远，遗说尚存；第二，必须从认读经典的文字入手，弄清其音韵训诂，否则连古文字都不认识，哪里谈得上经典研究呢？故有人说："乾隆中叶，海内之士，知钻研古义，由汉儒小学训诂，以上溯七十子六艺之传者，定宇先生（惠栋）为之导也"（陶澍：《书四世传经遗像后》）。惠栋专治《周易》，实践其学术宗旨，抛开魏晋以后各家注释，专门搜辑和阐发汉代学者的《周易》学说，"约其旨为注，演其说为疏，汉学之绝者千有五百余年，至是而粲然复章矣"（钱大昕：《惠先生栋传》）。

惠栋治学的特色是尊信和固守汉儒的经说，"凡古必真，凡汉皆好"，希望从遥远的古代去寻找真理，这反映了当时知识界对宋明理学的厌倦心理，努力构筑起汉学的壁垒以与宋学相对抗。惠栋的功绩在于钩稽汉代经说不遗余力，以求从理学的思想束缚中求得解放，开辟了治学的又一蹊径。然而，汉人说经有精华，也有糟粕，惠栋不加别择，全盘继承，这是吴派学术的弱点。故《四库全书总目提要》批评惠栋"其长在古，其短亦在于泥古"。惠栋的朋友、学生如沈彤、余萧客、江声都是吴派传人。

继吴派之后为皖派，代表人物是休宁的戴震，还有江永、程瑶田、金榜、凌廷堪等，他们都是皖南人。他们和吴派的观点、学风较接近。乾隆二十三年（1758），戴震与惠栋相遇于扬州。时戴震35岁，惠栋61岁。两派宗师年龄相差一代，而相互推重敬服。戴震初到北京，是个落魄秀才，"困于逆旅，馕粥几不继"。他带着自己的著作去拜访青年学者钱大昕，钱誉其为"天下奇才"，并引来了一批新科进士王鸣盛、王昶、卢文弨、纪昀、朱筠等。他们都非常钦佩戴震，"耳先生名，往访之。叩其学，听其言，观其书，莫不击节叹赏。于是声重京师，名公卿争相交焉"（段玉裁：《戴东原年谱》）。

皖派学者和吴派一样，主张治学应从认识古文字入手，戴震说："仆之学，不外以字考经，以经考字。"但是他不像吴派学者那样固执汉儒经说，吴派的特点是"尊古"，皖派的特点是"求是"，这是两派学术趋向的差异。

戴震的研究范围甚广阔。他研究音韵学，将古韵分为九类二十五部，以入声韵独立，发现了阴阳对转的规律。他研究算学，从《永乐大典》中辑出已佚失的古算经多种，使中国古代的天算之学复明。他研究《水经注》，发现经注混淆的规律，"故能正千年经注之互讹"（段玉裁语）。他不但博学多闻，而且论据缜密，识断精审，故许多人推崇他是清代学术的高峰。王昶说："本朝之治经者众矣，要其先之以古训，析之以群言，究极乎天地人之故，端以东原为首。"（《戴东原先生墓志铭》）汪中则说："国朝诸儒崛起，接二千年沉沦之绪，及东原出而集大成焉。"（转引自《汉学师承记》）

戴震不但是卓越的考据家，而且超越考据学的范围，在注释经籍的外衣下，阐发进步的思想观点，反对程朱理学。他提出理气一元论以取代程朱所主张的天理之性和气质之性，认为"气"是万物的本原，自然界的发展变化是"气化流行"，而"理"仅是"气"运动变化的法则，他是中国历史上杰出的唯物主义思想家。

继皖派之后的是扬州学派。扬派学人都服膺戴震，或则敬佩戴震考据精审，或则赞同戴震学术通博。他们有的受业于戴震，如王念孙、王引之、任大椿；有的私淑于戴震，如汪中、焦循、阮元。刘师培有一段话论述戴震与扬州学派的关系："戴氏弟子舍金坛段氏外，以扬州为最盛。高邮王氏（王念孙、王引之父子）传其形声训诂之学；兴化任氏（任大椿）传其典章制度之学……皆博综群书，衷以己意，咸与戴氏学派相符。仪征阮氏（阮元）友于王氏及任氏，复从凌氏廷堪、程氏瑶田（皆皖派学者）问故，得其师说。甘泉焦氏（焦循）与阮氏切磋……时出新说，亦戴震之嫡派也。"（《南北考据学不同论》）故扬州学派，是皖派戴学的继承和发扬。

　　吴派的特点是"尊古",皖派的特点是"求是",而扬派的特点则是"通贯"。"通贯"是为了纠正汉学专注一经一家的门户之见,主张沟通群籍,兼治经子,并淡化汉学宋学的对立。这是扬派在继承吴、皖二派基础上的变化和发展。如焦循强调"古学大兴,道在求其通"(《与刘端临教谕书》),提倡"通核之学",他说"通核者,主以全经,贯以百氏,协其文辞,揆以道理。人之所蔽,独得其间,可以别是非,化拘滞,相授以意,各慊其衷"(《辨学》)。阮元被称为一代通儒,学风广博而全面,不同于狭隘局促的考据学者。刘师培说:"阮氏之学,主于表微,偶得一义,初若创获,然持之有故,言之成理,贯纂群言,昭若发蒙,异于恒钉猥琐之学"(《南北考据学不同论》)。阮元也不同于前辈的力排宋学,而倾向于调和折中,"崇宋学之性道,而以汉儒经义实之"(《拟国史儒林传序》)。

　　扬派学者"通贯"的学风,也表现在治学范围更加宽广,除群经、音训、天文、历算外,旁及其他。如汪中研究诸子,推崇《荀子》《墨子》。王念孙的校勘及于《广雅》《史》《汉》《老》《庄》《荀》《韩》《晏子春秋》《淮南子》等,阮元写《畴人传》为古代自然科学家立传,又嗜好金石碑版,以之补经史文献之讹漏,这是他们知识广博、能通贯各个学科的表现。

　　1840年鸦片战争以后,传统的中国进入近代,战火连年,民不聊生。外国的船炮机器、声光化电传入中国。随着社会的变化,中国学术界也为之大变。专门研究古代文献、很少关注现实的传统考据学中衰,失去了其在学术界的主导地位,其他学术流派风起云涌,应运而生,有主张变革的今文经学,有强调民生实用的经世之学,有关心地理边防的边疆之学,有研究修齐治平的性理之学,有向外国学习的洋务之学以及维新之学、革命之学。各种思潮相互激荡,此长彼消。晚清,传统的考据之学在社会变动以及与西方文化的撞击中衰落蜕变,但尚未完全消歇,浙派学术即其嫡传。其代表人物有俞樾、黄以周、孙诒让、章太炎、王国维。

　　浙派承袭乾嘉学风,俞樾十分敬佩高邮二王,所撰《群经平议》《诸子平议》《古书疑义举例》便模仿了王氏的《读书杂志》《经义述闻》等著作的体例与方法。他说："治经之要有三，正句读，审音义，通古今假借，知此三者，则思过半矣。"孙诒让是考据学的直接继承者，自称："我朝自乾嘉以来，此学大盛。如王石臞念孙及其子文简公引之之于经，段若膺先生玉裁之于文字训诂，钱竹汀先生大昕、梁曜北先生玉绳之于史，皆专门朴学，择精语详。其书咸卓然有功于古笈，而某自志学以来所最服膺者也。"（《寄答日人馆森鸿君书》）章太炎作《清儒》《释戴》，阐扬清代学术，总结考据学派的精神："审名实、重佐证、戒牵妄、守凡例、断情感、汰华辞"，"六者不具而能成经师者，天下无有"。这正是清代学术主张实事求是、无征不信的理性主义。王国维少习戴、段、二王之书，发展了考据方法，对考古发掘资料与传世文献并重，即所谓"二重证据法"。

国难当前，浙学和同时的其他学术思潮一样，倾向于经世致用，改变了考据学不问政治的传统，并因受西方学术的影响，力求与西学沟通，其杰出代表能够中西兼纳，推陈出新，故其特点在"创新"。

黄以周、孙诒让都研治礼学，黄作《礼书通故》，孙作《周礼正义》，希望从中国古代的政制、礼俗中寻找富国强兵之道。孙诒让对《周礼》寄予极大希望，称"夫舍政教而议富强，是犹泛绝潢断港而蕲至于海也。然则处今日而论治，宜莫若求其道于此经"。这虽然是过分推崇了《周礼》的作用，却也表现了浙派将政治和学术紧密结合的特色。

真正具有"创新"精神的杰出学者是章太炎和王国维。章太炎投身于革命，反对清朝专制统治，担任同盟会机关报——《民报》的主编，是辛亥革命的主将。他又是俞樾的学生，自称"少时治经，谨守朴学，所疏通证明者，在文字器数之间"（《菿汉微言》）。故鲁迅先生称他是"有学问的革命家"。他以精湛的训诂音韵学修养，考论群经，遍及《老》《庄》《荀》《韩》，旁通佛学，"取证博洽，析义精微"，尤致力于《左传》的研究。他脱胎乾嘉而超越乾嘉，涉览西方及印度学术，驰骋于广阔的世界文化领域，探究治国要道和人生哲理。

另一浙派学者王国维曾习康德、叔本华、尼采等人的哲学，兼擅中西学术，故其方法缜密，识见卓越。他用训诂方法，认识了古书中的联绵字和成语，故释经多新颖见解。又能将甲骨文、古器物与历史文献结合，他撰写的《殷周制度论》《殷先公先王考》，阐明了殷周之间文化的变革和殷帝王的世系次序。这类考据文章并非局限于细枝末节的烦琐考据，而是以确凿的证据，解开了中国上古史的重大谜团，成为近代学术史上的不朽典范。

浙派学术的时间跨越19世纪后期和20世纪之初，它是从传统走向近代的桥梁，浙派学术和20世纪的学术文化息息相关。如果说俞樾、孙诒让尚停留在中西文化的比附上，那么章太炎、王国维已能做到融合中西学术，兼取其长，他们超越了传统的考据学派，而成为近代学术的开路人。

乾嘉史学大师钱大昕 *

钱大昕，字晓徵，号辛楣，又号竹汀，江苏嘉定（今属上海市）人。生于清雍正六年（1728），逝于清嘉庆九年（1804），是 18 世纪中国的杰出学者，乾嘉时代的史学大师。青少年时代成长在文化氛围浓郁的江南地区，就学于苏州紫阳书院，与王鸣盛（钱大昕之妻兄）、王昶、曹仁虎等同学，诗名甚著，号称"江南七子"。乾隆十六年（1751），清帝第一次南巡，钱大昕迎驾献赋，特赐举人，任职内阁中书。十九年（1754）会试中式，在翰林院、詹事府任官，曾赴山东、浙江、湖南、河南为乡试考官，又任广东学政。他在北京长期任职于清闲衙门，"在京都退食之暇，唯以经史自娱，讨论异同，贯串古今，丹黄不去手，既专心于著书"（《潜研堂诗集·序》），与王鸣盛、王昶、纪昀、朱筠、戴震、赵翼、卢文弨、翁方纲、钱载等切磋学问，皆当时名流。自称："一旦辞家而仕于朝，与贤士大夫游，或接武于公廷，或相访于寓邸，出或同车，居则促膝，收直谅之益，极谈宴之欢，经年累月，无间寒暑……故尝谓朋友之乐，唯京朝官所得为多。"（《潜研堂文集》卷 26，《炙砚集序》）

乾隆四十年（1775）以后，钱大昕辞官回乡，不复出仕，专心著述，先后担任南京钟山书院、松江娄东书院、苏州紫阳书院院长，居苏州尤久，与著名学者段玉裁、孙星衍、顾广圻，诗人袁枚及弟钱大昭，侄钱塘、钱坫游，讲学问难，游山赋诗。当时，与钱大昕青少年时同学的嘉定王鸣盛、青浦王昶亦辞官归里，"三人者所居百里而近，春秋佳日，常聚于吴中，诸弟子执经载酒，称为'三老'"（王昶：《钱大昕墓志铭》）。其门下弟子 2 000 人，著名者有

* 原载《文史哲》，1997 年第 3 期。

邵晋涵（攻史学，钱任浙江主考时所取举人）、李文藻（攻版本、金石，钱任山东主考时所取举人）以及书院学生李锐（攻天算）、夏文焘（攻舆地）、朱骏声（攻《说文》）、孙星衍（攻经学、版本、金石）、钮树玉（攻《说文》）、张燕昌（攻金石）、潘世恩等。钱大昕逝世时 76 岁，晚年自题其像赞："官登四品，不为不达，岁开七秩，不为不年，插架图籍，不为不富，研思经史，不为不勤，因病得闲，因拙得安，亦仕亦隐，天之幸民。"反映了这位宿学耆儒生当太平盛世，生活优适、乐天安命、嗜于著述、潇洒旷达的情怀。

钱大昕学问渊博，考辨审实，造诣精深。当时人江藩称："先生不专治一经而无经不通，不专攻一艺而无艺不精……戴编修震尝谓人曰'当代学者，吾以晓徵（即钱大昕）为第二人'，盖东原（即戴震）毅然以第一人自居。然东原之学，以肆经为宗，不读汉以后书。若先生（钱大昕）学究天人，博综群籍，自开国以来，蔚然一代儒宗也。以汉儒拟之，在高密（郑康成）以下，即贾逵、服虔亦瞠乎后矣，况不及贾、服者哉！"（《汉学师承说》）近人陈寅恪称钱大昕"洵为清代史学家第一人矣"（《金明馆丛稿二编》）。金毓绂称他"援引精确，分析入微，为前人论史书中所罕见"（《中国史学史》）。

钱大昕的著作甚多，光绪十年（1884）长沙龙氏家塾刊刻《潜研堂全书》，所收著作即有 34 种，遗漏未收者尚多。他的代表作当推《廿二史考异》100 卷，《十驾斋养新录》20 卷、余录 3 卷，《潜研堂文集》50 卷、诗集 10 卷、诗续集 10 卷。

钱大昕的重大贡献是运用实证的方法，系统研究了中国历代史籍。中国历史学极为发达，史籍记载汗牛充栋，仅纪传体正史，自《史》《汉》以下，绵延不断，这是一笔十分丰富的文化遗产。以前学者，撰史者多而评史者少，评史者又多议论体例、书法或褒贬古人，对已有史书做考证、补遗、纠谬者更少。宋明理学家的流弊是"束书不观，游谈无根"，视浩如烟海的史部著作为畏途。清代汉学家视治经为正途，认为史学是粗学、杂学。在乾嘉时代，有三位杰出的学者提倡史学考证，实开风气之先，这就是《廿二史考异》的作者钱大昕、《十七史商榷》的作者王鸣盛、《廿二史劄记》的作者赵翼。他们开启了近代历史学考证的先河,三书各有特色,而钱大昕的著作尤其博洽精当。他少年即嗜读史书,"反复校勘,虽寒暑疾疢,未尝少辍,偶有所得,写于别纸"(《廿二史考异·序》)。40岁开始编《廿二史考异》,55岁完成,可说是竭尽了盛年时期的精力。此书对历代正史做了全面的考证、辨异、校勘、补遗,本着详今略古的原则,尤详于《新唐书》《宋史》《元史》,考证此三史之篇幅占《廿二史考异》全书的47%。

钱大昕坚持历史学秉笔直书的传统,"据事直书,是非自见",不必画蛇添足,多加褒贬议论。他说:"夫良史之职,主于善恶必书,但使纪事悉从其实,则万世之下,是非自不能掩,奚庸别为褒贬之词?"(《潜研堂文集》卷18,《续通志列传总叙》)他批评欧阳修的《新唐书》和朱熹的《通鉴纲目》。《新唐书·宰相表》记载宰相之死,"有书薨、书卒、书死之别,欲以示善善恶恶之旨。然科条既殊,争端斯启。书死者固为巨奸,书薨者不皆忠谠,予夺之际,已无定论。紫阳纲目,颇取欧公之法,而设例益繁,或去其官,或削其爵,或夺其谥。书法偶有不齐,后人复以己意揣之,而读史之家,几同于刑部之决狱矣"(《廿二史考异》卷56)。

钱大昕认为,纪传正史,凡官修之书,成于众手,限于时日,故纰缪较多,尤以《宋史》《元史》为甚。《宋史》冗丛无章,编次失当,北宋部分因有根据,质量尚好,南渡后七朝最差,"宁宗以后四朝又不如高、孝、光三朝之详,盖由史臣迫于期限,草草收局,未及讨论润色之故"(《十驾斋养新录》卷7,《南渡诸臣传不备》)。至于《元史》更为陋劣,"史之芜陋,未有甚于《元史》者",因开局修史,仅331天成书,主编宋濂、王祎皆"词华之士",不谙史法,"征辟诸子,皆起自草泽,迂腐而不谙掌故"(《十驾斋养新录》卷9,《元史》),"古今史成之速,未有如《元史》者,而文之陋劣,亦无如《元史》者"(同上)。钱大昕颇有志于重新编撰《元史》,已有部分成稿,但未完竣。

钱大昕考证诸史,尤以舆地、官制、氏族为多。如论晋南迁后,侨置州郡,初不加"南"字。至刘宋禅代后,始加"南"字。而唐人不察，修《晋书·地理志》，俱加"南"字，使得许多地名都弄混了。"史家昧于地理，无知妄作，未有如《晋志》之甚者。"（《十驾斋养新录》卷6，《晋侨置州郡无南字》）又如汉代分封同姓与异姓侯王甚多，《汉书》称侯国241，但仅能指名194。钱大昕作《侯国考》，列举其封邑所在和始封姓氏，又补充《汉书》失载者25人。又《廿二史考异》指出《汉书》中年代、封号、地望之错误16处，但这些是否真是错误，尚存疑问。后来得见北宋景祐本《汉书》，证明钱大昕的考证都是正确的。又如研究历史人物必须弄清他的出身、氏族，否则便会张冠李戴，历代史书中的舛误不一而足，"有一人而两传，若唐之杨朝晟，宋之程师孟，元之速不台、完者都、石抹也先、重喜者矣；有非其族而强合之，若《宋纪》以余晦为玠子者矣；有认昆弟为祖孙，若《元史》以李伯温为毂子者矣。至于耶律、移刺本一也，而或二之；回回、回鹘本二也，而或一之。氏族之不讲，触处皆成窒碍"（《潜研堂文集》卷24，《二十四史同姓名录序》）。钱大昕花费了大量精力，以文献和碑刻资料纠正补充了历代史书中关于人物世系的许多舛误和遗漏。他学识之广、考证之精，人所共推。故陈垣先生说"从前专重考证，服膺嘉定钱氏。事变后颇趋重实用，推尊昆山顾氏"（《陈垣与方豪书》）。

对钱大昕考史补史极有裨益的是他在金石学方面的造诣。他到处访求碑碣，京官俸禄微薄，他却不断去琉璃厂，购置许多金石拓片。"至身所经历，山厓水畔，黉宫梵宇，有断碑残刻，必剔藓拂尘，摩挲审读，或手自推拓，积三十余年，遂成巨富。"（《竹汀居士年谱》）他52岁时，有一次兴致勃勃地和学生孙星衍从南京同往茅山访碑，过道观，探山洞，在断垣残壁中寻碑访碣，写了一篇《游茅山记》，寻幽怀古，极富情趣。他又到过宁波天一阁，读所藏碑拓，编《天一阁碑目》，收拓片580余通。又毕沅在陕西得碑797通，编《关中金石记》，阮元在山东得碑1 700余通，编《山左金石志》，严子进编《金陵石刻记》，钱大昕均得寓目，撰写序言。由于他精通金石学知识，对勘古书，"举生平所阅经史子集，证其异同得失"，故所获甚丰。例如，北京琉璃厂出土辽蓟州刺史、检校尚书左仆射李内贞的墓志，而《辽史》失载，钱据此碑补正《辽史》的列传和《百官志》；又如《元史》有谭资荣、谭澄父子的列传，而《世祖本纪》中有覃澄，究竟是谭还是覃，钱大昕蓄疑于心。后来见到山西发现的碑文中有"交城县长官覃澄"，山东发现的《祭济渎碑》中有"总管覃澄"，《济祠投龙简碑》中又有"总管覃侯""总管覃澄"的记载。有了这些证据，钱大昕得出结论："可证资荣父子本姓'覃'，而传作'谭'者，误也。"（《廿二史考异》卷98）类似这种以碑补史之例，不胜枚举。日积月累，钱大昕为所见碑碣撰写跋文，编《金石跋尾》一书，其妻兄王鸣盛为此书作序。王认为：古来以金石学名家者7人，宋之欧阳修、赵明诚，明之都穆、赵崡，清之顾炎武、王澍、朱彝尊，"最后予妹婿钱少詹竹汀《潜研堂金石跋尾》，乃尽掩七家，出其上，遂为古今金石学之冠"（《潜研堂金石跋尾序》）。

　　钱大昕在挖掘历史文献方面也有很多贡献。《元秘史》一书为记载成吉思汗时代的第一手资料，本为蒙古文，汉译俚俗，人多不识其价值，四库馆臣称其"传闻之词，辗转失真"。钱大昕却独具慧眼，盛赞此书"叙次颇得其实"，"论次太祖、太宗两朝事迹者，其必于此书执其衷欤！"（《潜研堂文集》卷28，《跋元秘史》）此后《元秘史》遂为治元史者所必读。他又从苏州玄妙观的道藏中，抄录出《长春真人西游记》。此书记述长春真人丘处机应成吉思汗之召，西行至中亚细亚之事，由丘的弟子李志常撰述。时人不识此书，甚至以为是吴承恩所作小说《西游记》。钱大昕加以纠正，力荐该书"于西域道里风俗，足资考证"（《潜研堂文集》卷29，《跋长春真人西游记》）。

　　钱大昕亦颇留意于当代学术史，熟悉康熙到乾嘉时代的学术源流，曾为许多学者写作传记或墓志铭，包括阎若璩、胡渭、万斯同、惠士奇、惠栋、陈祖范、王懋竑、江永、秦蕙田、王峻、戴震、王鸣盛、曹仁虎、陆锡熊、李文藻、邵晋涵等，这些都是清代学术界的中坚。钱大昕详细记述了他们的言行著作，评论其学术成就，均深入切要，研究清代学术史者不可不读。

钱大昕在音韵学方面亦有重大贡献。他致力于古声母研究，提出：古无轻唇音、舌上音，凡轻唇音，古人必重读，如匍匐作扶服、文作门、方作旁、封作邦、勿作没。他从古文献中找到 65 个例证。他又说："古无舌头、舌上之分。知彻澄三母，以今音读之与照穿床无别也，求之古音则与端透定无异。"（《十驾斋养新录》卷 5）故冲读如动，竹读如笃，追读如堆，陈读如田。他从古文献中找了 30 个例证，援引广博，无懈可击。200 年后的今天，山东银雀山与湖南马王堆出土的简帛中使用的古字，又一次证实了钱大昕之说。有人问他：《说文》所列 9 353 字，而古代经典中仅见十之四，何以《说文》所收多为经典中不用之字？钱大昕回答：今世所见经典已将字体划一，而当年许慎所见乃汉儒各家之说，师承不同，故所传经典多异文。许慎采录齐备，载入《说文》，故今所见不用之字，很多是当年经典的异体字。他列举出 300 多个异体字，并一一与今本通行字对合，以证其说。钱大昕说："今人视为隐僻之字，大率经典正文也。经师之本，互有异同，叔重（许慎）取其合乎古文者，称经以显之。其文异而义可通者，虽不著书名，亦兼存，以俟后人之抉择。此许氏所以为命世通儒，异于专己守残、党同门而妒道真者也。"（《潜研堂文集》卷 11，《答问八》）钱氏列举大量证据，证明自己的说法，故能令人心折。

钱大昕还精于天算历法，在京结识著名天算家何国宗。何久在钦天监任职，是前辈学者，已官至尚书。何闻钱大昕之名，主动往访。时钱仅 20 多岁，"与之论宣城梅氏（梅文鼎）及明季利（利玛窦）、徐（徐光启）诸家之学，何辄逊谢，以为不及。出语人曰：'今之贾逵也。'"（《清代七百名人传》）。钱大昕在天算方面的成绩主要是对刘歆的《三统历》做了整理、疏解。《三统历》存于《汉书·律历志》中，是我国保存下来的最早的历书，但内容深奥，文字晦涩，读者难明其意。钱大昕细心爬梳，写成《三统术衍》一书，对其推步原理与测算之法做了详细说明。他在研究中提出"岁星纪年""太岁太阴"等问题，为后来天算家研讨的热点。钱氏又对历代正史中最为艰深的天文、律历志进行了考证述评，为研习古代天算历法者扫除了障碍。晚年，与治史相配合，又撰成《宋辽金元四史朔闰考》。

钱大昕出生之年，正好发生了吕留良的文字狱。此后，文字狱繁多。乾隆初年，号称宽简，但乾隆十五年（1750）发生伪稿案，是一次罗织极广、株连数省的大案（钱大昕时年22岁）。此后，文网愈密，迭兴大狱。钱大昕在京服官时期，正是历史上文字狱最多、最奇的时候，四库馆亦大举禁毁书籍。这种长期的、大规模的迫害，不能不在知识分子心灵上留下严重的创伤。"避席畏闻文字狱，著书都为稻粱谋"，士大夫都不敢谈论现实和撰写历史。不甘心沉默的人，十分隐晦曲折地表达自己的心声与抗争。如戴震借疏证《孟子》阐发经义，发表反对宋明理学的哲学见解；曹雪芹建构一座虚无缥缈的大观园，为一群天真烂漫而饱受压迫的弱女子安身立命；袁枚以抒写性灵批判传统的说教；郑板桥在书画中寄托放达不羁的个性。他们在各自的领域，以不同的形式反对封建礼教。钱大昕和他们生活在同一个时代，和戴震、袁枚还是论学谈诗的好朋友。他的特点是：毕生精力尽瘁学术，尤其是史学研究，重视考据，提倡实证，不做空谈，既不做修身养性的说教，亦不涉内圣外王的遐想，治史必有确凿而大量的证据，其证据与结论之间必有严密、实在的逻辑联系，排除武断、臆测、伪证，以为"通儒之学，必自实事求是始"（《潜研堂文集》卷25，《卢氏群书拾补序》）。他以"求是""求真"为目的，不盲从古人，不株守成见，"后儒之说胜于古，从其胜者，不必强从古可也；一儒之说而先后异，从其是焉者可也"（《潜研堂文集》卷9，《答问六》）。这种治学精神体现了一定的科学的理性主义的因素，为知识界吹进了一些清醒之风。以钱大昕为代表的乾嘉学派的考史学风影响着19世纪以至20世纪的中国历史学，后人对钱的成就推崇备至。据赵光贤先生回忆，他的老师、我国史学大师陈垣先生这样说过："顾炎武的《日知录》在清代是第一流的，但还不是第一。第一应推钱大昕的《十驾斋养新录》。先生举《养新录》中考证东晋以来侨置州郡为例：《晋书》中所记南徐州、南青州之类，多是错的。后来沿讹袭谬，直到钱氏始正其误。（亦见于《甘

二史考异》）先生教导我们说，你们应当学习这种方法。在这基础
之上，再写文章就比较容易了。听了先生的话，我又读了《养新录》
及其他清人论经考史之作，觉得钱氏考证之学，确乎高出众人之上，
而先生（指陈垣）所做的考证文章，取材既博，论证又精，纯是竹
汀（指钱大昕）一派学风。"（《励耘书屋问学记》，赵光贤《回忆我
的老师援庵先生》）

　　钱大昕表面上和其他很多乾嘉时代的学者一样，回避政治，埋
头学问，生活上恬退、知足，但这种回避与恬退掩盖不了他内心对
世界的关心和对现实的不满。他是一个专业历史考证家，研究具体
问题，不厌其深其细，较少发表议论，即使发表议论，态度也很谨
慎，这是环境与性格所造成的。但时而也流露出一些大胆、精辟的
见解，令闻者咋舌。例如：钱大昕看到历史上弑君之事，不一而足。
他认为篡弑之事，必有原因，探究起来，都是君主无道所致。"君诚
有道，何至于弑，遇弑者皆无道君也……圣人修《春秋》，述王道以
诚后世，俾其君为有道之君，正心修身齐家治国，各得其所，又何
乱臣贼子之有？"他进一步发挥："秦汉以后，乱贼不绝于史，由上
之人无以《春秋》之义见诸行事故尔。"（《潜研堂文集》卷7，《答问
四》）他把中国历史上篡弑频仍、纷争不息的局面都归结为君主的
无道，猛烈地抨击秦汉以后的封建统治不能实施"《春秋》之义"。
这种言论违背了纲常名教，对君主有"大不敬"之嫌。又如：妇女
在封建社会中被压在底层，道学家提倡妇女"从一而终""饿死事
小，失节事大"。钱大昕反对这种戕害女性的非人道行为，主张夫妻
可以离异，"义合则留，不合则去"。"或其夫淫酗凶悍，宠溺嬖媵，
凌迫而死者有之。准之古礼，固有可去之义，亦何必束缚之、禁锢
之，置之必死之地以为快乎！"他认为：妇女改嫁，合乎情理，不应
该受到谴责，"去而更嫁，不谓之失节。使其过在妇，不合而嫁，
嫁而仍穷，自作之孽，不可逭也。使其过不在妇，出而嫁于乡里，
犹不失为善妇，不必强而留之，使夫妇之道苦也"。（《潜研堂文集》
卷8，《答问五》）在封建伦理统治的黑暗年代中，这是难能可贵的
清醒的呼声。

　　武则天是中国历史上独一无二的女皇帝，拥有自己的国号和纪年。但在以男性为中心的社会中，人们不承认武后称帝的事实，把这段历史挂在她儿子唐中宗的账上。尤其是朱熹的《资治通鉴纲目》"每岁首书帝所在。又嫌于用武氏纪年，乃虚引嗣圣年号。自二年讫二十一年，至神龙反正而止。于是唐无君而有君，中宗无年号而有年号"，武则天做皇帝的事实被历史家的"《春秋》笔法"一笔抹掉了，"纪称中宗而事述太后，所以正名而尊王室也"。钱大昕极力反对这种抹杀事实、歪曲历史的所谓"《春秋》笔法"。他叹息说："此亦极笔削之苦心，而称补天之妙手矣，谓如此而合于《春秋》之指，则愚窃未敢以为然也。"（《潜研堂文集》卷2，《春秋论二》）

　　封建社会中的刑罚越来越残酷，犯了死罪，不仅有绞斩之刑，后来又有"凌迟"，即把身上的肉一片一片地削割下来，使人受尽折磨，极端痛苦而死。钱大昕反对这种不人道的刑罚。他说："唐律无凌迟之刑，虽反叛大恶，罪至于斩决不待时而已。陆游谓五季多故，以常法为不足，于是始于法外特置凌迟一条。"钱大昕从历史考证，凌迟的普遍使用是由于北宋的激烈党争，"凌迟之法，昭陵以前，虽凶强杀人之盗，亦未尝轻用。自诏狱兴，而以口语狂悖者，皆罹此刑矣。诏狱盛于熙丰之间，盖柄国之权臣，借此以威缙绅。非深竟党与，不能以逞其私憾。非中以危法，不能以深竟党与。此所以滥酷之刑，至于轻施也"（《十驾斋养新录》卷7，《凌迟》）。这段从考史引申出来的议论，把凌迟之刑与党争联系在一起。钱大昕出生前夕，正值雍正帝和诸兄弟为继承大位，分门结党，争斗不休，刀光剑影，血雨腥风，用刑之滥之酷，超过了北宋。钱大昕这种议论也是深触忌讳的。

　　钱大昕由于研究天算历法，接触到西方数学，知道西方国家的自然科学远超乎中国之上。他和那些抱残守缺的冬烘先生不同，主张中国知识分子应普遍地学习数学和自然科学。他说：欧洲各国自然科学为什么超过中国，就是因为受到普遍重视，"欧逻巴之巧，非能胜乎中土，特以父子师弟世世相授，故久而转精。而中土之善于数者，儒者辄訾为小技，舍《九章》而演先天，支离附会，无益实用。畴人子弟，世其官不世其巧。问以立法之原，漫不能置对，乌得不为所胜乎？宣尼有言：'推十合一为士。'自古未有不知数而为儒者。中法之绌于欧逻巴也，由于儒者之不知数也"（《潜研堂文集》卷23，《赠谈阶平序》）。钱大昕虽然还并不全面了解世界自然科学的发展水平，但他因研究天算，觉察到了中国自然科学落后于西方。当时，封闭的中国知识界自以为中华的声教文明远超其他国家之上，许多人根本不知自然科学为何物，"欧逻巴"国家在何方。钱大昕的思想和知识远远超过了同时代人。他大声疾呼"儒者"应当普遍研习数学和自然科学，以追上西方。这是昏闷长夜中的一声清醒的呐喊，可惜人们充耳不闻，这微弱的喊声仍被一片沉寂所吞没。

当然，生活在200年前的钱大昕自有其时代的局限，我们不能苛求他在学术上、思想上有更全面、更重大的突破。他作为一个历史考证学家，在自己的专业领域达到了前所未有的高峰。他虽然不大发议论，但从一些言论中可以窥见他思想中闪现的灿烂火花。钱大昕是中国18世纪站在时代前列的、卓有贡献的学者，是乾嘉时代的史学大师。

中外文化交流

开展中国文化史研究　重视中外文化的交流[*]

　　文化是人类生活的一个重要领域。人类的活动，粗略地分，无非是政治、经济、军事和文化四大领域。我们是历史唯物主义者，经济是基础，决定社会的面目，当然也承认文化的重要性。文化在经济和政治的基础上产生，又反作用于经济和政治，促进或延缓经济和政治的发展。文化是人类精神活动的成果，它是一个国家、一个民族聪明才智的集中表现。它最有个性，最丰富多彩，最能反映民族性格、民族气派。文化最鲜明地体现国家和民族的特点，希腊文化不同于罗马文化，俄罗斯文化不同于英国、美国的文化，中国文化不同于印度、阿拉伯的文化。我们说，各国的经济也有特点，要建设有中国特色的社会主义经济体系，这是就其总体来说的，但具体地说，一个工厂、一条铁路、一座矿山，各个国家都是一样的，中国的铁路和美国、俄国的铁路没有什么区别。可是文化就不同了，从总体到局部都充满着民族的特色，一幅中国画、一首中国诗、一曲中国乐谱，与外国的诗画、乐谱是完全不同的。可以说，不了解一个国家、一个民族的文化，就根本不了解这个国家、这个民族。

　　所以，研究文化史是十分重要的。文化建设要有个基地，空中楼阁是不行的。开展文化史研究，仔细解剖、分析我国的传统文化，取其精华，弃其糟粕，这是历史科学为社会主义服务的一个紧迫课题。

　　在文化史研究中，中外文化的交流很值得注意，这个问题具有理论的意义和现实的意义。所谓"文化交流"，是指不同文化之间的

---

　　[*] 是作者 1983 年 7 月 20 日在北京历史学会举行的"中国近代文化史座谈会"上的发言。

吸收、融合，也包括相互的排斥、斗争，这是文化史上屡见不鲜的现象。一个国家、一个民族的文化发展，从来都不是只靠自我繁殖、单线延续，而总是要吸收、融合外来的文化。从中国文化的形成来说，一方面是国内汉族和其他少数民族的文化交流融合；另一方面是国际间的文化交流，中国文化影响了其他国家的文化，同时也吸收、借鉴了外国的文化。

历史上，中国大规模地吸收外国文化共有三次。一是东汉以后，佛教传入，中国文化和印度文化结合，这个历史过程延续几百年，结果产生了中国化的佛学——禅宗，也产生了受佛教影响的儒学——理学。研究中国中古文化史，必须把印度文化的影响估计在内。二是明清之际，耶稣会传教士利玛窦、汤若望、南怀仁等来华，在100多年间，几百个传教士带来了西方的宗教，也带来了自然科学和哲学社会科学。这是又一次大规模的文化输入，怎样估价它的作用和意义，还是有待研究的课题。三是鸦片战争以后，随着帝国主义的入侵，传来了西方文化，所谓"西学东渐"，引起了中学和西学之争、旧学和新学之争。封建主义的文化和资产阶级的文化发生冲突。随之，又产生了新民主主义的文化，这是在马列主义指导下的人民大众的文化，其实马列主义也是从外国传入的一种理论、思想，不过它和中国革命实践相结合，逐步地中国化了。这第三次的文化交流，从性质上、规模上、后果上说，是前两次所望尘莫及、不能比拟的。从某种意义上说，西方的文化输入今天还在继续，还没有结束。今后，中外文化的交流将更加频繁、更加扩大，全世界的各种文化处在相互吸收、相互斗争、相互融合的过程中。

从中国文化史的发展来看，中国文化并不是孤立的、封闭的体系，并不是自我繁殖或近亲交配，而是在外来文化长期、巨大的冲击下成长起来的。如果仔细解剖中华民族的文化，其中外来的因素恐怕是很多的，当然这些东西已在中国的土地上生根。今天，我们的文化发展当然要独立自主，要有中国的特色，但也一定要吸收外国的先进文化。引进不只是机器、设备、资金、技术。文化也有个引进的问题，即吸取和借鉴外国文化，自然科学要引进，就是哲学社会科学也要引进。马克思主义不是一个褊狭的学派，它能够吸收、利用全人类的优秀文化成果，不断地丰富自己，随着生活的前进而不断前进。

中国历史上三次吸收外来的文化，其中有丰富的经验教训，有许多规律性的东西，值得探讨、研究、总结，这对于我们建设社会主义精神文明是有启发意义的。我祝愿中国文化史的研究，在马克思主义思想的指导下，在大家的创造性努力下，迅速地繁荣昌盛，取得丰硕成果。

引进外国智力的历史经验*

邓小平同志关于引进外国智力的思想，是我国改革开放总的战略方针中的重要组成部分。1983 年 7 月 8 日，邓小平同志在谈到利用外国智力和扩大对外开放问题时说："要利用外国智力，请一些外国人来参加我们的重点建设以及各方面的建设。对这个问题，我们认识不足，决心不大。搞现代化建设，我们既缺少经验，又缺少知识。"① 1984 年 10 月 22 日，邓小平同志在中顾委第三次全体会议上总结历史经验时又指出："现在任何国家要发达起来，闭关自守都不可能。我们吃过这个苦头，我们的老祖宗吃过这个苦头。恐怕明朝明成祖时候，郑和下西洋还算是开放的。明成祖死后，明朝逐渐衰落。以后清朝康乾时代，不能说是开放。……长期闭关自守，把中国搞得贫穷落后，愚昧无知。中华人民共和国建立以后，第一个五年计划时期是对外开放的，不过那时只能是对苏联东欧开放。以后关起门来，成就也有一些，总的说来没有多大发展。当然这有内外许多因素，包括我们的错误。历史经验教训说明，不开放不行。"②

对外开放的重要内容之一就是要引进外国智力，接受外国先进的科学技术、知识经验、文化思想，吸取全人类创造的优秀文明成果。闭关锁国、故步自封、抱残守缺，离开全人类文明发展的大道，就不可能大步前进，不可能建设好社会主义的新中国。

中国是历史悠久的国家，有过光辉灿烂的文明成就。在很早年代，中国并没有排拒对外国智力的引进，而恰恰是在吸收了外国文化的同时，创造了具有自己风格和特点的中华文明。印度的佛教，

* 原载《求是》，1994 年第 21 期。
① 《邓小平文选》，第 3 卷，32 页，北京，人民出版社，1993。
② 同上书，90 页。

在东汉传入中国以后，经过长期的融合、衍变，成为中国传统文化的组成部分，影响着世世代代中华民族子孙的思维方式、生活态度、思想观点。

鸦片战争时，个别先进的中国人已认识到闭关锁国、排斥外国智力的危害。魏源提出过一个响亮的口号："师夷之长技以制夷。"当时，世界资本主义列强武装侵略中国，残酷地压迫中国人民，在中国激起了抵抗外国侵略的爱国主义高潮；同时，也产生了要求学习外国技术、引进外国智力的思想。因为只有吸取外国先进的东西，为我所用，才能有效地抵抗外国侵略，拯救中国的危亡。魏源提出的口号，简明有力地概括了抵抗外国侵略和学习外国技术这两个方面的要求。

孙中山先生对外国情况了解得更多，曾反复强调利用外国智力的重要性。他说，中国"科学专门知识以暨工程上之经验，尚在幼稚时代，亦非取材异域不可"[1]。"一、我无资本，利用外资。二、我无人材，利用外国人材。三、我无良好方法，利用外人方法。"[2]

新中国成立后，为了加快社会主义建设的步伐，毛泽东同志主张：古为今用，洋为中用。在学习和引进外国先进技术方面，周恩来同志也讲了很多。邓小平同志关于引进外国智力的思想，实际上是对历史经验的科学总结，也是继承和发展了许多伟大政治家的思想，并在社会主义建设的实践中付诸实施。由此可见，积极引进外国智力，吸取外国优秀文化，是重要的历史经验，应当成为全党的共识。

从历史上看，引进外国智力，对中国的经济发展和社会进步起了巨大作用，从某种意义上说，中国的近代化离不开引进智力的努力。中国最早的大型工厂，是生产军火的。中国人一开始看到的是外国的船坚炮利，外国枪炮比我们好，船比我们好。当时引进硬件就是军舰大炮，没有锐利的武器就不可能抵抗外国的侵略，所以要造船造炮。当时的四大兵工厂是：江南制造局，即后来的上海江南

---

[1] 《孙中山全集》第1卷，562页。

[2] 《孙中山全集》第2卷，460页。

造船厂；福州船政局，即后来的马尾船厂；天津机器局；金陵机器局。这些工厂都邀请外国人帮中国人制造军舰大炮，当时叫"洋匠"。后来由于兵工厂需要钢铁，需要煤炭，才开铁矿、开煤矿；需要交通运输，才设轮船招商局。铁路发展在中国是比较早的。辛亥革命以前，几条干线都建起来了。清朝的时候，已有京沪铁路、京汉铁路、京沈铁路、京张铁路、长春铁路。这些铁路中，除京张铁路是中国人詹天佑设计的，其他全是外国人投资设计的，使用的是外国的钢轨、外国的机车和设备，硬件软件都是从外国引进的。詹天佑本人是留美学生，也算是对外国智力的一种引进。所以从中国历史上讲，引进外国智力的作用是非常显著的。当然，晚清政府是半殖民地性质的政权，在建造铁路，引进外国的资金、技术、器材、人才的同时，也丧失了国家主权，引起帝国主义争夺势力范围、瓜分中国的危机，这是一个严重的历史教训。所以，辛亥革命以后，孙中山主张引进外国资金，聘请外国专家，都要坚持"主权在我"，不能听任外国人的摆布。

引进外国智力有两种形式。一种是请进来，即请顾问，请专家，请教师，请工程师。晚清政府创办的北洋海军就聘请了大批军事、机械、造船专家，如琅威里、汉纳根等。当时的海军舰艇体现了高度发展的工业与科学水平，没有专家的指导，海军舰艇是运转不了的。晚清政府设立的第一所学习外国语言与自然科学的同文馆，聘请的总教习是美国人丁韪良，他任职 25 年，后来又担任京师大学堂（即北京大学的前身）的第一任总教习。江南制造局聘请英国人傅兰雅翻译了大量自然科学书籍，他从事译书 28 年，译作极丰。这些外国专家都为中国近代教育、科学的发展做出了重要贡献。

引进外国智力的另一种形式是派出去，即派遣留学生。中国第一次大规模派遣留学生是在 1872 年（清同治十一年），容闳向曾国藩、李鸿章提出建议，派 120 名幼童赴美国学习，原定学习 15 年，后来提前回国。这批留美幼童中许多人后来成为各个领域近代化事业的开拓者。詹天佑是其中的一个，是杰出的铁路工程师。还有中华民国第一任国务总理唐绍仪，民国时期的外交总长梁敦彦、蔡廷幹，清华大学第一任校长唐国安，开平煤矿的工程师邝荣光、关仰曾等。接着是在建立北洋海军期间，向英国、德国派出一批学习造船和驾驶的留学生，其中包括杰出的思想家严复，以及后来担任海军管带（即舰长）的许多人，如甲午战争中牺牲的刘步蟾、林泰曾、林永升，还有担任过海军部长的萨镇冰、李鼎新、刘冠雄等。邓世昌虽不是正式派遣的留学生，但清政府购买军舰，邓世昌奉派领舰回驶，他也在欧洲经过了培训。

中日甲午战争改变了东亚的面貌，决定了日本和中国各自的命运。当年，日本和中国的竞争很突出地表现在武器和智力的引进方面。原来中国海军的实力超过日本，居亚洲之首，后来日本急起直追，咬紧牙关购置新舰快炮，甚至说宁肯每天少吃一顿饭也要购买新舰。结果，它在战前几年内购得"吉野""浪速"等快舰，海军实力凌驾于渐趋陈旧的中国海军之上，这是中国海军在甲午海战中一战败北的原因之一。日本和中国都派遣留学生，中国留学生回国后只能在北洋水师学堂担任教职或者当舰长，而日本派遣的留学生如伊藤博文、陆奥宗光、伊东祐亨在甲午战争时期已经是日本内阁总理大臣、外务大臣和海军司令官了。

智力引进在中国经过了一段漫长、曲折的探索过程。开始时看到外国船坚炮利，故而仿制武器，以后逐步创办轮船、铁路、煤矿、工厂，连带地引进自然科学、培养工程师和技术工人。西方物质文明成就容易看得见，引进易，精神文明成就的情况比较复杂，引进较晚；自然科学知识比社会科学知识的引进又要早一点、快一点。严复的功绩就在于翻译了一批社会科学名著，如赫胥黎的《天演论》、亚当·斯密的《原富》、孟德斯鸠的《法意》、约翰·穆勒的《名学》等，这些著作对中国思想界产生了振聋发聩的巨大作用。辛亥革命前夕，数以万计的中国留学生负笈日本。由于当时国势危蹙，很多人为了拯救中国，投身于改革与革命，所学科目多为政治、法律、军事等。新民主主义革命时期，智力的引进跃入一个新时期。十月革命一声炮响，给中国送来了马克思列宁主义。马列主义不是中国土生土长的，也是从外国引进的，它使中国发生了天翻地覆的变化。当时出国留学的人，一批赴法国勤工俭学，如周恩来、邓小平、蔡和森、陈毅、聂荣臻、李富春；一批赴苏联学习，如瞿秋白、刘少奇、张太雷。许多革命家都在国外学习、接受马列主义，回到中国传播马列主义。可见，社会科学知识不但需要引进，而且对推动社会前进起着巨大的作用。

马列主义是我们的指导思想，必须坚持。但马列主义并不是狭隘的、封闭的学派，它必须在继续吸取人类创造的全部优秀文化成果的基础上，不断创新，不断发展，才能适应时代的需求，显示其永葆青春的生命力。譬如：我们现在要建立和完善社会主义市场经济体制，这是一项重大而艰巨的任务。对市场经济的规律和运作，我们很不熟悉，正在实践中探索，而发达资本主义国家搞了几百年市场经济，积累了丰富的知识和经验，可以作为我们的参考和借鉴，有了这种参考和借鉴，我们便会少走弯路，更快前进。

引进社会科学知识的重要性并不亚于引进自然科学知识。自然科学如果发生失误，会造成严重的损害，其损害往往是对一个工厂、一条铁路、一项工程的局部性损失。而社会科学如果发生失误，其损失常常是全局性的。例如，当年错误批判了马寅初先生的人口学说，导致人口生育的严重失控，中国人口猛增，成了一段时期之内国家建设中的重大负担，压得我们几代人都喘不过气来。

最后，引进外国智力有两条原则必须注意，一条是主权在我，引进智力，引进人才，不能丧失国家主权。这在历史上也有教训，中国开始建立海关，任用英国人管理，虽然海关的工作效率比较高，但同时实行了一套半殖民地的管理体制，各海关的税务司清一色都是外国人，英国人赫德任总税务司达 48 年之久。他们把持中国门户上的锁钥，不仅使中国对外贸易吃了很多亏，而且进一步干涉中国的内政，操纵中国的外交、财政，祸患极大。这是丧权辱国，我们现在当然不会这样做。另外一条，引进外国智力也要根据中国的情况，和中国的实际相结合。外国的东西并不都是好的，邓小平同志再三强调，改革开放搞引进，许多蚊蝇飞进来，这不可怕。我们也是"取其精华，弃其糟粕"。即使外国好的东西也得跟中国的实际相结合。马克思主义是经过实践检验了的真理，但是马克思主义如果不和中国实际相结合就成为害死人的教条主义，所以马克思主义也要中国化。我们要结合中国的情况，根据中国的条件，洋为中用，要表现中国的特点，走中国人自己的道路。中国的现代化过程，不可能和西方的模式完全一样，必须要有中国的特色和风格。总之，引进外国智力必须坚持两条原则，一条是主权在我，另一条是要结合中国情况，只有这样才能起到推进中国现代化的作用。

《四库全书》和法国《百科全书》*

　　1789 年，当法国大革命的风暴在巴黎卷起，一时飙举霆击，扫荡了法国和欧洲的封建制度，很快改变了各国的政治局面，揭开了全球历史新的篇章。

　　法国大革命的发生是和革命前夕一大批思想敏锐、才华焕发的先进思想家的活动分不开的，其中包括伏尔泰、孟德斯鸠、狄德罗、卢梭、爱尔维修等，他们鼓吹无神论或自然神论，反对政府专制和宗教迷信。在编撰《百科全书》中，他们集结成为启蒙思想的大军。思维的理性成了衡量一切现存事物的唯一尺度，政府、社会、宗教、学术，一切都要站到理性的审判台前，辩明自身存在的价值。在一定意义上说，法国大革命正是百科全书派所宣布的思想原则的实践和展开。在纪念法国大革命之际，大家当然不会忘记这些启蒙思想家的巨大贡献。

　　正当法国思想家在孜孜不倦编写《百科全书》的时候，中国的一部最大书籍也将开始编纂，这就是著名的《四库全书》，它是保存和整理我国古代文化遗产的巨大汇编。《百科全书》于 1751 年开始出版，28 卷全部出版完毕是在 1772 年，即清乾隆三十七年，这一年正是清政府下令在全国征集书籍，第二年（1773 年）开设四库馆，进行规模浩大的修书工作。法国《百科全书》的补编 5 卷、索引 2 卷分别于 1777 年（乾隆四十二年）和 1780 年（乾隆四十五年）出版。1781 年（乾隆四十六年），《四库全书》的第一部，即文渊阁《四库全书》告成。《四库全书》全部完成于乾隆五十二年，即 1787

　　* 原载《历史研究》，1989 年第 2 期。原文有副标题《为纪念法国大革命二百周年而作》。

年，两年之后，法国爆发了惊天动地的资产阶级革命。东西方两部鸿篇巨著在 18 世纪下半叶先后修纂，接踵告成，可称是同一时代的产儿。

两部书都是工程浩大的集体作品，代表东西方文化发展的成就。但它们产生的社会背景，编纂的宗旨、目的，以及在体例、方法、内容、影响等各方面是很不相同的。两书之间的差异是那么巨大，犹如 18 世纪东西方社会以及中华民族和法兰西民族之间的巨大差异一样。

一

《四库全书》和法国《百科全书》是迥然不相同的两种书籍。前者的着眼点在收集、保存前人已经撰写的书籍，用力于"汇编"。而后者的着眼点在综合过去的知识成果，加以阐述发挥，用力于"撰写"。《四库全书》是把已有的书籍搜罗集中，考证校勘，分类提要，共收书 3 500 余种，存目 6 700 余种，其特点是"博大"。编纂工作由清政府主持，第一步工作是把现存的书籍全部收集起来。从清乾隆三十七年谕令全国征书，几年之内各省进献图书 13 000 余种，其中很多是善本、孤本，加上宫廷藏书，已极为丰富。还有一件很有意义的工作，即从《永乐大典》中辑录已经散佚的书籍。如邵晋涵辑薛居正的《旧五代史》先据《永乐大典》各韵部所引，"甄录条系，得十之八九"，又从类书、史籍、说部、文集中辛勤采摘，使已经失传的《旧五代史》恢复原貌。在许多学者的长期努力下，380 余种古书失而复得，传为我国学术史上的佳话。

《四库全书》所收书籍都经过大量考证。鉴定版本、辨别真伪、考析篇章、校勘文字，进而"分别流派，撮其要旨，褒贬评述，指陈得失"。因此，《四库全书》并不是简单地把许多书籍凑集誊写，而是做了大量的研究，对中国古代文化做了大规模的清理和总结。例如，戴震校郦道元的《水经注》，该书长期流传，辗转抄录，经注混淆，讹误不可卒读。戴震经过细致的研究，发现了区别经文和注文的三条原则，按照这三条原则，长期混淆的经和注，可以清楚地区分。段玉裁说："得此三例，迎刃分解，如庖丁之解牛，故能正千年经注之互讹"①。可见这样的校书工作实际上是很有价值的创造性劳动。又如《四库全书》子部首列《孔子家语》，旧称传自孔子后裔，《汉书·艺文志》虽曾著录此书，然书实已散失，后世所传乃魏王肃的伪作，《四库全书》提要列举了许多理由，明确判断"其出于肃手无疑"②。《四库全书》的编纂中，像这类研究成果是很多的。

《四库全书》由于卷帙浩繁，不能雕版印刷，只能誊写缮录。共缮录七部书，分贮于北四阁（内廷文渊阁、圆明园文源阁、避暑山庄文津阁、沈阳文溯阁）和南三阁（扬州文汇阁、镇江文宗阁、杭州文澜阁）。书手开始是从乡试落第的士子中挑选，后来发内府帑银雇用，历时 10 余年，前后参加缮写人员共 3 800 多人，7 部书共缮写 1 600 万页。该书缮写格式每页 18 行，每行 21 字，7 部书共 60 亿字，这是历史上从未有过的巨大文化工程。

法国《百科全书》编写的起因是出版商出于营利的目的，要翻译张伯斯的《艺术与科学大辞典》，此书于 1728 年用英文出版，商人们委托著名的法国思想家狄德罗主持译事。狄德罗认为：当时科学文化的发展已突破了张伯斯所编书籍的内容，已无翻译的必要，应该用新的观点和成果重新撰写一部书籍。于是，以狄德罗为主编、达朗贝尔为副主编，集结了一批学者、能够囊括一切领域的知识精英，从事《百科全书》的编撰。工作延续 20 多年，开始计划出 10 卷，后扩充至 28 卷，包括 17 卷条目正文和 11 卷表格插图。

一开始，狄德罗就拒绝了官方的干预。法国司法部长阿格索向他提出，编撰工作可以得到国王路易十五的支持，狄德罗断然拒绝。他说："如果政府参预这项工作，工作就无法完成。君主一句话可以叫人在荒草中造出一座宫殿，但一部百科全书不能凭命令完成"③。

① 《戴东原年谱》。
② 《四库全书总目提要》子部，儒家类，《孔子家语》条。
③ 安德烈·比利：《狄德罗传》，64 页，北京，商务印书馆，1984。

　　《百科全书》在十分困难的条件下开始撰写，狄德罗和达朗贝尔的工作很繁重，构筑框架，设计条目，确立整体思想，组织写作，直到修改、定稿、付印、校对，都要亲自参与。而出版商只给狄德罗交付月薪100里弗，撰稿者的酬金也很微薄，就像房龙所说："重要书籍总是由一贫如洗的学者们编写的。他们靠每星期8美元过活，劳苦钱还不够买纸和墨水"①。

　　1752年，《百科全书》出版2卷，触犯了统治阶级的忌讳，即遭查禁。不久开禁后又出版至第7卷，1759年再遭查禁。《百科全书》的命途多舛，在巴黎不能公开出版。官方认为它亵渎上帝、危害道德、攻击宗教，御用文人和教会势力写了许多文章、诗歌、戏剧冷嘲热讽。"对于法国统治集团中的顽固分子来说，《百科全书》是个恶魔。每出一卷都要遭到厚颜无耻的攻击"②。但与反动势力的愿望相反，疯狂的攻击只能使狄德罗等更加声名远播，《百科全书》不胫而走，印数激增。由于在巴黎被禁，狄德罗改组了编辑部，继续秘密撰写下去。德皇腓特烈和俄国女皇叶卡捷琳娜怀着各自的目的，邀请狄德罗将《百科全书》移至柏林和彼得堡继续出版，而狄德罗却谢绝了邀请，坚持在巴黎工作下去，终于争取再次解禁，于1772年将28卷出齐。

二

　　在《四库全书》和《百科全书》周围，集结了当时最优秀的知识分子。列名《四库全书》的编纂者多达360人，分别担任总裁、纂修、校阅、提调等职，其中有乾隆皇帝的三个儿子和大学士、尚书等，又有大批翰林院的检讨、编修、庶吉士。贡献最多的是总纂官纪昀，毕生精力耗费在编纂工作中，他"学问渊通，撰《四库全

---

① 房龙：《宽容》，344页。
② 《英国百科全书条目选译》，《百科全书》条。

书提要》，进退百家，钩深摘隐，各得其要旨，始终条理，蔚为巨观"①。和纪昀同任总纂官的陆锡熊始终其事，用力亦多，"考字画之讹误，卷帙之脱落，与他本之互异，篇第之倒置，靳其是否不谬于圣人，又博综前代著录诸家议论之不同，以折中于一是，总撰人之生平，撮全书之大概"②；另一任总校官的陆费墀，后任全书副总裁，制定馆务的各项条款章程，组织编纂、誊录和校阅工作，"综核稽查，颇能实心勤勉"③。此外，著名学者戴震，以举人身份，破格征召入馆，"馆中有奇文疑义，辄就咨访，震亦思勤修其职，晨夕披检，无问寒暑，经进图籍，论次精审"④。邵晋涵"善读书，四部七录，靡不研究""尤长于史"⑤，史部提要的草稿，多出其手。周永年始作《儒藏说》，为编纂《四库全书》之先声，"在书馆好深沉之思，四部兵农天算术数诸家，钩稽精义，襃讥悉当"⑥。他辑录《永乐大典》，极为勤奋，所存一万八千卷大典，翻阅殆遍，"丹铅标识，摘抉编摩"，所辑文集多种，皆前人所未见。翁方纲也是有名的诗人、书法家、金石家，"宏览多闻，于金石谱录、书画词章之学，皆能抉摘精审"⑦。他所写《四库全书总目提要》的草稿，至今尚保存九百余篇。

　　在《四库全书》馆内，汉学家占据主导地位。这一学派，尊重汉儒的学说，研究古代典籍从文字、音韵、训诂入手，长于考据、校勘、辑佚，反对穿凿附会，反对宋明理学家空谈心性，其治学态度较切实，方法较缜密，其缺点是烦琐和脱离实际。四库馆是乾嘉学风的发源地，也是考据学派的大本营。但馆内存在宽松、良好的学术风气，不同学派之间能平心静气地讨论问题。如翁方纲记载他的工作情况："每日清晨入院，院设大厨供给桌饭，午后归寓。以是日所校阅某书应考某处，在宝善亭与同修程鱼门（晋芳）、姚姬传（鼐）、任幼植（大椿）诸人对案详举所知，各开应考证之书目，

　　① 《清史稿》列传一〇七。
　　② 王昶：《春融堂集》卷五五，《陆君墓志铭》。
　　③ 《办理四库全书档案》，乾隆三十九年十一月十三日上谕。
　　④⑤⑥ 《清史稿》列传二六八。
　　⑦ 《国朝先正事略》卷三五。

是午携至琉璃广书肆访查之"①，程晋芳、任大椿都是著名的汉学家，而翁方纲、姚鼐则是汉学的激烈批评者，但相互之间尚能"对案"商讨，交流学术，颇有点像百科全书派的学者们在沙龙中的定期聚谈一样。

《百科全书》的编撰也团聚了许多杰出学者，撰稿人多达 160 人。他们的观点各有不同，从自然神论到无神论，从开明专制论者到民主主义者，但他们博学多才，熟知一切领域的知识成就。主编狄德罗至少撰写了 1 200 多个条目，涉及面十分广博。他一心扑在这部书上，耗尽了精力，"一个重要问题不断折磨我，使我头昏脑涨，我走在街上也想着它，它使我和人相处时心不在焉，它使我在最主要的工作中停步不前，它使我在夜间无法入眠"，"要使作品得以出版还有许多工作：有润饰工作，这是最棘手、最困难、使人衰弱、劳累、厌烦的、没完没了的工作"②。副主编达朗贝尔学习法律、医学，通晓数学，写过天文学、动力学著作以及哲学讲义、音乐教程，学问渊博，为狄德罗分担了编辑和修改工作。后期的副主编若库尔也是个医生，但也研究过哲学、历史、考古学、文学、地理、自然科学，狄德罗称说："自他青年时起，对人间各类知识就产生了兴趣"③。其他撰稿人都是法国启蒙运动的杰出思想家、当时照耀着欧洲天空的灿烂群星，如伏尔泰是法国思想界的泰斗；孟德新鸠是著名的哲学家、法学家，三权分立学说的倡导者；卢梭是民主主义思想家、社会契约论的宣扬者；爱尔维修是无神论者、唯物主义的杰出代表；布封是自然科学家、进化思想的先驱者；孔狄亚克是洛克哲学的继承者；孔多塞是百科全书派最年轻的撰稿人、后来法国大革命中的吉伦特派；魁奈和杜尔阁是经济学家；还有重农学派的创始人、文学家马蒙泰尔，神父莫雷列、库尔廷文，德国男爵、著名的唯物主义者霍尔巴赫等。在巴黎拥有财富和产业的霍尔巴赫定期开设沙龙，接待《百科全书》的撰稿人，"整个下午在十分激动的情

---

① 《翁氏家事略记》。
② 安德烈·比利：《狄德罗传》，267 页。
③ 同上书，308 页。

绪中吃喝、争论。基督教教条之荒诞，教士之奸诈，他们暗中伤风败俗，宗教狂所特有的残忍，排斥异己的罪行，教廷之不合理和令人不快的性质，全部被毫不留情地拿来同泛世自然伦理所具有的正直优美相对照。灵魂不朽、对死亡的恐怖、自杀、宗教是否对伦理和政治是必要的，玻璃制造、矿物学、冶金化学、地质、矿业、农业，这些问题也并非不受'犹太会堂'（百科全书派沙龙的绰号）常客们的关注"①。参加沙龙的人们意见和观点不尽一致，他们之间经常发生激烈的争论，有时甚至反目，例如狄德罗和卢梭之间、狄德罗和达朗贝尔之间的失和。但他们的研讨和争论恰好磨砺了指向封建主义的刀剑。当时，自由平等的要求激动着法国民众的心灵，传统的权威摇摇欲坠，政治、理论、宗教、科学、文艺，一切都要重新估价，这一正在法国高涨起来的民主革命思潮，是《百科全书》同人们的共同信念和最高理想。

三

　　《四库全书》和《百科全书》都有一个宏伟的理想，即要囊括前人的知识成果。两书以不同形式对繁复的人类知识体系进行探讨和分类，粗泛看来，其分类亦有相似之处。《四库全书》的经部与子部，相当于《百科全书》中的宗教和哲学类；《四库全书》中的史部相当于《百科全书》中的历史类；《四库全书》中的集部相当于《百科全书》中的诗类。但如果仔细分析，两者有很大的不同，《四库全书》是汇集书籍的丛书，它的分类是书籍的分类，属于目录学范畴，而《百科全书》以各门知识的统一为基础，勾画了一个包罗万象的学科分类体系。两书分类的不同，既是体例上的差异，也是东西方知识结构的差异。

　　《四库全书》继承了《中经新簿》和《隋书·经籍志》的传统，

---

① 安德烈·比利：《狄德罗传》，127 页。

把全部书籍分成经、史、子、集四大部，四部下分四十四类，有的
类下分立子目，共六十六子目。根据书籍的实际情况，对传统的分
类法变通损益，多所改进，强调"古来有是一家，即应立是一类，
作者有是一体，即应备是一格"①。在四部和类目之下又写成序录，
论述每类书籍的内容、体例的演变，使全书包罗宏富而分类清楚、
次序井然，形成一个有机的整体。书籍的分类，从一个侧面反映了
中国古代的文化成就和知识结构。中国文化着重伦理和政治关系，
忽视自然科学、生产技术、商业工艺和民间文艺，古籍很多以注释
儒家经典的面目出现，经部特别膨胀，史部著作亦多。在四库馆臣
看来，经史二部是最重要的学问，"学者研精于经，可以正天下之是
非；征事于史，可以明古今之成败。余皆杂学也"②。我国古代自然
科学不发达是造成四库分类缺陷的重要原因，而纂修诸人的忽略，
使我国有限的自然科学著作未能在《四库全书》中得到充分反映。
全书中虽然著录了经戴震的努力从《永乐大典》中辑出的古代算书，
也收进了利玛窦和徐光启合译的《几何原本》等西方的科学著作。
但像明末宋应星所撰《天工开物》，总结了我国农业手工业的技术成
就，内容丰富系统，却未被《四库全书》收录，连存目中也未列入。
我国很早发明和运用珠算，明人程大位所撰《算法统宗》，是我国仅
有的一部研究珠算的书籍，《四库全书》亦未著录，只列存目。理由
是"其法皆适于民用，故世俗通行，惟拙于属文，词多枝蔓，未免
榛楛不翦之讥"③。这样一部有价值的著作，仅因"词多枝蔓"而遭
摒弃。四库馆臣对民间文艺更加鄙薄，虽有"词曲"一类，但认为
"词曲二体，在文章、技艺之间，厥品颇卑，作者弗贵，特才华之士
以绮语相高耳"④。词曲中又扬词而抑曲，词类尚收词集、词选、词
话、词韵、词谱，而曲类只收品题、论断及中原音韵三种书。元明
清三代，戏曲传奇极为发达，形成文学史上的一大特色，《四库全

---

①　《四库全书总目提要》卷首，《凡例》。
②　同上书，子部，总叙。
③　同上书，子部，天文算法类存目，《算法统宗》条。
④　同上书，集部，词曲类，小序。

书》却一概不录，反而批评王圻的《续文献通考》"以西厢记、琵琶记俱入经籍类中，全失论撰之体裁，不可训也"①，其识见更在王圻之下。《四库全书》虽列小说家类，此类书籍，叙述杂事，记录异闻，缀辑琐语，和今天所说文艺创作的小说是不同的。至于源自话本的《三国演义》《水浒传》《西游记》，以及清代的《聊斋志异》《红楼梦》被视为"猥鄙荒诞，徒乱耳目"，当然都在摒斥之列。

狄德罗在当时自然科学和社会科学发展的基础上，相信关于世界知识的统一性，要使各门知识都成为统一的科学的具体组成部分。尽管《百科全书》的知识分类从今天来看缺陷很多，不适应用，甚至有的显得离奇古怪，例如有人讥讽它把制锁业归入记忆类，把驯隼术归入理性类。但它毕竟包罗宏富，知识领域宽广而较全面，具有近代知识结构的雏形。《百科全书》继承了培根的知识分类体系，把人类知识分为来源于记忆的历史，来源于理性的哲学和神学，来源于想象的诗。历史之下有圣贤史、民众史、自然史，哲学之下有人文科学（道德、教育、政治、法律）和自然科学（数学、物理、化学、医学），诗之下有诗歌、音乐、绘画、建筑、雕刻、戏剧。狄德罗的意向是要创立一个无所不包的科学、艺术、工艺的知识分类谱系，在这个谱系中，每门学科都有相应的位置，以显示我们知识之树的总干和各个分支。这个知识分类谱系曾在《百科全书》第1卷中加以描述，并贯穿于全书的条目、表格和插图之中。其显著特点是十分重视正在蓬勃发展的科学技术。此书定名为《百科全书——科学、艺术和工艺详解辞典》，把科学和工艺明确地标明在书名上。《百科全书》的撰写者不少是著名的科学家和在实际岗位上的工艺师，后人称赞狄德罗"在人类历史上破天荒第一次像我们现在通常做的那样吸收有经验的实际工作者来同著作家合作"②。狄德罗非常重视在当时生产中日益重要的机器性能和工艺流程，他在《百科全书》的《大纲》中写道："有些工艺很特殊，操作很复杂，如果不亲自干，不亲手转动一下机器，不亲眼看看零件的装配，就很难

---

①　《四库全书总目提要》，集部，词曲类，小序。

②　阿基莫娃：《狄德罗传》，148页，北京，三联书店，1984。

准确地加以描绘。因此，我们往往自己搞到机器，自己当学徒，制作蹩脚的模型。"《百科全书》的另一个特点是现实性很强，不仅总结过去达到的文化成果，而且反映了法国当时的社会生活，展现了经济、政治、生产、生活多方面的情况，涵盖面很宽广，它是18世纪法国社会的一面镜子。一位伯爵曾向路易十五称赞此书的优点，他说："陛下，您多么幸运在您的统治下有人能够研究一切领域里的知识，在这部书里，可以找到一切，从别针的制作方法直到铸造大炮和瞄准射击的方法，从无限小到无限大"①。

四

　　《四库全书》和《百科全书》的最重要差异是在指导思想方面。《四库全书》是清朝政府主持编纂的，自然站在官方立场上，编纂的目的是有助于巩固封建主义思想统治，所谓"稽古右文，聿资治理"。所以，著录的书籍并非兼收并蓄，而有严格的去取标准，这个标准就是乾隆谕旨中所说："阐明性道治法，关系世道人心者自当首先购觅，至若发挥传注，考核典章，旁暨九流百家之言，有裨实用者亦应备为甄择，又如历代名人，泊本朝士林宿望，向有诗文专集及近时沈潜经史，原本风雅……并非剿说卮言可比，均应概行查明"②，如果违反或稍稍背离此项标准则只存其目，不录其书。《四库全书》著录的书籍达3 500余种，存目的书籍6 700余种，存目几达著录的两倍。对于著录及存目的书籍都分别撰写提要，提要除叙述作者的简历和书籍的源流、篇章文字的异同之外，最重要的是评论书籍的是非得失，评论的标准亦以皇帝的意见为转移。乾隆说："朕命诸臣办理《四库全书》，亲加披览，见有不协于理者……即降旨随时厘正，惟准以大中至正之道，为万世严褒贬，即以此衡是

---

① 安德烈·比利：《狄德罗传》，139页。
② 乾隆三十七年正月初四日上谕。

非"①，亦即《凡例》中所说："宏纲巨目，悉禀天裁，定千载之是非，决百家之疑似"②，这一官方的评判立场，给《四库全书》造成了重大的损害。

《四库全书总目提要》是众多学者的精心撰著，固然有很高的学术价值，但也充满着卫道者的偏见。如东汉的唯物主义思想家王充所著《论衡》，因其中有《问孔》《刺孟》二篇，《提要》称其"露才扬己""其言多激""奋其笔端以与圣贤相轧，可谓悖矣"③。明代的进步思想家李贽、焦竑，四库馆臣对他们毫无好感，说"二人相率而为狂禅，贽至于诋孔子而竑亦至尊崇杨墨，与孟子为难，虽天地之大，无所不有，然不应妄诞至此"④；又称才士祝允明"放言无忌，持论矫激，圣人在上，火其书可也"⑤；称袁宏道"矜其小慧，破律而坏度"⑥。像这类偏颇不公正的评论，在《四库全书总目提要》中是相当多的。所以鲁迅先生提醒我们，此书"是现有较好的书籍之批评，但须注意其批评是'钦定'的"⑦。正是由于这一官方的指导思想，在编纂《四库全书》的同时发生了禁毁书籍事件，清廷在全国征书过程中发现大量所谓内容"悖逆"或有"违碍词句"的书籍，不是焚毁劈板，就是删改挖补，当时禁毁书总数达3 100多种，其数量和《四库全书》著录的书籍几乎相等，形成我国文化事业的一次浩劫。

法国《百科全书》的情况完全不同。编撰者不受官方束缚而自由表达自己的思想，他们的评价标准是普遍理性和人性，让人在《百科全书》中占统治地位，他们鼓吹民主、自由，主张天赋人权，人的尊严不容侵犯，人的权利不容剥夺。为了使得《百科全书》能够继续出版下去，他们也常常用隐晦曲折的语言来表达自己的意见，

---

① 乾隆四十二年十月初七日上谕。
② 《四库全书总目提要》卷首，《凡例》。
③ 同上书，子部，杂家类四，《论衡》条。
④ 同上书，子部，杂家类存目二，《焦弱侯问答》条。
⑤ 同上书，子部，杂家类存目一，《祝子罪知》条。
⑥ 同上书，集部，别集类存目六，《袁中郎集》条。
⑦ 许寿裳：《亡友鲁迅印象记》。

但在许多条目中，"异端"思想还是鲜明地表露出来，因此，《百科全书》一再被查禁，几乎夭折。例如，狄德罗所写《农业》《狩猎》，魁奈所写《农场主》，杜尔阁所写《税收》等条目中，揭露了当时法国经济衰退，大批农民丧失土地、贫困无告，而政府苛捐杂税，民不聊生。又如在《政治权威》条目中，狄德罗宣称："自由是天赐的东西，每一个同类的个体，只要享有理性，就有享受自由的权利"，他和《百科全书》的另一位撰稿人、"社会契约论"者卢梭的观点一样，说君主的权威"只是凭着臣民的选择和同意，君主决不能运用这种权威来破坏那个使他获得权威的法规或契约"[①]。在《暴君》这一条目中，狄德罗指斥"滥用权力，践踏法律，将属下臣民变成自己各种欲望和无理贪求的牺牲品"的"暴君"，是"折磨人类的最致命的祸害"[②]。显然，《百科全书》团聚和联合了一批启蒙思想家，高扬理性的精神，他们触摸到新时代的脉搏，并为其降临而努力奋斗。《百科全书》不仅仅是一部书籍，而且是政治、经济和文化纲领，它具体陈述了不久以后将统治整个世界的那些思想，它为法国大革命铺平了道路。所以，有人评论说："《百科全书》是众书之书，是当时法国生活的镜子和轰击旧制度的攻城武器"[③]，"对于十八世纪中教士中的保守分子来说，这部书就像吹响了走向毁灭、无政府、无神论和无秩序的嘹亮号角"[④]。

五

当《四库全书》和《百科全书》分别在中法两国编撰的时候，东亚和西欧已航路初辟，经济文化的交流已开始。明清之际，大批耶稣会传教士来到中国，他们在东西方之间架设了交流的桥梁。通

---

①　《百科全书条目选辑》，《政治权威》条。
②　同上书，《暴君》条。
③　阿基莫娃：《狄德罗传》，152 页。
④　房龙：《宽容》，346 页。

过耶稣会士的介绍，中国人开始对西方的科学文化有所了解，而西方的许多先进人士也对中国和中国文化怀抱强烈的兴趣，在《四库全书》和《百科全书》中保留了东西方文化交流和相互影响的早期痕迹。

百科全书派通过传教士所写的作品，发现了远方中国的许多新鲜事物。中国的文明对百科全书派学者具有重大意义，因为，在遥远的东方存在这个不属于基督教的文明古国，这就证明了人类不需要基督教也能够创造出辉煌的文明，这一点大大地加强了百科全书派反对教会的立场和论据。百科全书派的学者对中国文明的评价各不相同，大多数人持肯定和推崇的态度。霍尔巴赫盛赞中国的伦理政治，说："中国可算世界上所知唯一将政治的根本法与道德相结合的国家"，"欧洲政府非学中国不可"①。狄德罗写了《百科全书》中的《中国》和《中国哲学》等条目，全面介绍了中国和中国的思想文化，赞美"中国民族，其历史的悠久，文化、艺术、智慧、政治、哲学的趣味，无不在所有民族上之"②。经济学家巴夫尔曾随商船到过广州，是《百科全书》撰稿人中唯一到过中国的人，他称赞："中国农业的繁荣胜过世界各国"，"中国政府普遍情形是把全部关心直接向着农业方面"③。对中国最为倾倒的是伏尔泰、魁奈和杜尔阁，他们三人都是《百科全书》的撰稿人和支持者，伏尔泰认为：中国文化最合乎理性与人道，中国历史不记载超自然的奇迹。他佩服孔子"不语怪力乱神"和"述而不作"的态度，他还为中国的政治制度做辩护，并撰写文章反对孟德斯鸠在《论法的精神》一书中对中国封建专制主义所做的尖锐抨击。伏尔泰还根据中国元曲《赵氏孤儿》写成《中国孤儿》一剧，于 1755 年在巴黎上演，他甚至宣称：中国文化的被发现，对欧洲思想界来说，同哥伦布发现新大陆一样重要。被马克思称为"现代政治经济学始祖"的魁奈撰写《中国专制政治论》，赞美中国政治遵循自然法，推崇中国的礼治、伦理与重

---

① 霍尔巴赫：《社会之体系》。
② 赖赫维恩：《中国与欧洲》，92 页。
③ 马弗利克：《中国为欧洲的模范》，43 页。

农政策，他对《易经》《周礼》《论语》相当熟悉，有"欧洲孔夫子"的雅号。另一位经济学家杜尔阁也推崇中国文化，曾向在法国学习的两位中国青年学者高类思和杨德望提出有关中国的 52 个问题，要求中国学者解答。百科全书派中也有对中国文化抱批判态度的，如孟德斯鸠，论述了中国专制主义与文化习俗的缺陷；卢梭则指出：中国文明的进步恰恰造成了社会的弊病；孔多塞则称中国"被一群儒生的迷信所阻碍，故不能进步"①。

　　不管百科全书派的学者对中国文化是推崇还是批判，当时还处在中法文化交流开始阶段，他们都只能通过耶稣会传教士这面棱镜来观察中国，对中国情况当然不可能透彻了解。但他们都很关心中国文化，深受中国文化的影响，并通过评价中国文化去反对当时法国的宗教和政治制度。伏尔泰、狄德罗、魁奈、杜尔阁从中法文化相异之点出发，论证法国制度的不合理；而孟德斯鸠、卢梭、孔多塞看到了东西方封建主义的共性，他们抨击中国的封建专制主义，实际上也反对了法国的教会和政府。

　　《四库全书》的编纂者也通过耶稣会士开始了解西方文化。农家、天文算法、杂家、谱录等类著录了传教士利玛窦、熊三拔、邓玉函、艾儒略等十余种作品，肯定了西方数学、天文、科学技术的成就，说"西洋之学以测量步算为第一，而奇器次之，奇器之中，水法尤切于民用……固讲水利者所必资也"②，"其言皆验诸实测，其法皆具得变通，可谓词简而义赅者"③，"其制器之巧，实为甲于古今"④，"欧罗巴人天文推算之密，工匠制作之巧，实逾前古"⑤。经过一段中西交流，西方的科学技术已显示出了优越性，故四库馆臣们承认了它的价值，但又囿于见识，把西方科技视为不登大雅之堂的奇技淫巧，不认识它在社会生活中所起的重大作用，所谓"徒

---

① 捷鲍登姆：《传教士与士大夫》，281 页。
② 《四库全书总目提要》，子部，农家类，《泰西水法》条。
③ 同上书，子部，天文算法类，《乾坤体义》条。
④ 同上书，子部，谱录类，《奇器图说》条。
⑤ 同上书，子部，杂家类存目，《寰有诠》条。

矜工巧，为耳目之玩"①，不屑于进一步去了解和学习。明清之际，耶稣会传教士的汉文著作很多，介绍了各种西方的学术文化，这是当时中国最需要的知识，但收入《四库全书》者寥寥无几，特别是来华较晚，包括汤若望、南怀仁、蒋友仁等的作品，全被摒斥于《四库全书》之外。馆臣们认为：传教士的书籍虽有一些长处，"特所格之物皆器数之末，而所穷之理又支离神怪而不可诘"②。他们还有一个错误观念，以为西学都渊源于中学，说"西法出于周髀……特后来测验增修，愈推愈密耳。明史历志，谓尧时宅西居昧谷，畴人子弟散入遐方，因而传为西学者，固有由矣"③，可见当时士大夫对西方文化甚为隔膜，且多误解。

在当时闭关锁国的条件下，四库馆臣对西方文化缺乏了解，这是并不奇怪的。但中国当时并非无人了解西方，本文上面提到的两位中国青年学者高类思和杨德望在法国留学 11 年以后，于 1765 年（清乾隆三十年）返回中国。高类思是北京人，回国后一直住在北京，写过不少著作，至 1780 年（乾隆四十五年）逝世，当时正是四库全书馆进入紧张编纂的时候。但像高类思这样一位长期在法国学习、熟知西方文化、非科举出身的学者，虽近在咫尺，却没有资格进入四库全书馆，不能发挥自己的专长，甚至他的名字和行踪在本国湮没无闻，只能从外国人的记载中略知一二。中国封建的政治和文化机制，缺少宽容和活力，不能将多方面人才网罗入馆，使《四库全书》在反映世界文化科学成就方面产生重大的缺陷，这不能不说是中国文化发展的不幸和损失。

六

《四库全书》和法国《百科全书》是同时诞生于 18 世纪的东西

---

① 《四库全书总目提要》，子部，谱录类，《奇器图说》条。
② 同上书，子部，杂家类存目，《西学》条。
③ 同上书，子部，天文算法类，《周髀算经》条。

方两部辉煌巨著，各自有它的成就。《四库全书》汇聚了中国大量古籍，网罗广博，内容丰富，考订精审，编次有序，在清理和总结中国历史文化遗产方面做出了重大贡献，后人深入研究中国的传统文化都将离不开这部大书。历代学者对它评价很高，章学诚说："四库搜罗，典章大备，遗文秘册，有数百年博学通儒所未得见而今可借钞馆阁者"①。阮元说："凡六经传注之得失，诸史记载之异同，子集之枝分派别，罔不抉奥提纲，溯源彻委。所撰定总目提要多至万余种，考古必衷诸是，持论务得其平"②。

至于法国的《百科全书》则总结了西方科学与文化的成就，利用已有的知识和思想资料，发展了唯物主义和进步的历史观、政治观。它对后世的影响极为深远，伏尔泰说："狄德罗和达朗贝尔在给自己装上翅膀，以飞往后世。他们是驮着宇宙的阿特拉斯和赫克里士。他们的《百科全书》是世界上最伟大的作品，是雄伟壮观的金字塔"，恩格斯也说："法国的唯物主义者没有把他们的批评局限于宗教信仰问题；他们把批评扩大到他们所遇到的每一个科学传统或政治设施；而为了证明他们的学说可以普遍应用，他们选择了最简便的道路：在他们因以得名的巨著《百科全书》中，他们大胆地把这一学说应用于所有的知识对象。这样，唯物主义就以其两种形式中的这种或那种形式——公开的唯物主义或自然神论，成了法国一切有教养的青年的信条。它的影响是如此巨大，以致在大革命爆发时，这个由英国保皇党孕育出来的学说，竟给了法国共和党人和恐怖主义者一面理论旗帜，并且为《人权宣言》提供了底本。"③

当然，产生《四库全书》和法国《百科全书》的历史背景和文化氛围是很不相同的。18世纪的中国正是封建社会的后期，乾隆中叶，经济繁荣，国力鼎盛，文治武功达到了新的高度，经济生活中已出现了资本主义萌芽，明清之际思想界也呈现了一度活跃的景象。但清朝强化了封建统治，对异端思想严加镇压，闪眼即过的民主启

---

① 《章氏遗书》卷九，《为毕制军与钱辛楣宫詹论续鉴书》。
② 《揅经室三集》卷五，《纪文达公集序》。
③ 《马克思恩格斯选集》，1版，第3卷，394～395页，北京，人民出版社，1972。

蒙思想未能给中国的封建制度造成重大冲击。什么样的社会条件和经济基础就会产生什么样的文化思想成果，乾隆时代尚是封建盛世，它能为总结汇集封建文化典籍而做出巨大的贡献，但当时新的经济因素和阶级力量尚未成长，外来思想的影响还很微弱，产生于这样条件下而又为清政府主持的《四库全书》不可能偏离封建主义正统儒学的轨道。法国在 1789 年革命前夕，生产力迅速增长，资本主义工场手工业已蓬勃发展，科学技术与民主思想随之勃兴，第三等级正在崛起，烂熟了的封建制度百孔千疮，已容纳不下日益发展的新生产力和新社会力量，新的制度即将破土而出，而法国的贵族、僧侣仍保持封建特权，顽固地抗拒法国社会的前进，只有经过暴力扫荡，只有经过革命洗礼，才能洗涤封建主义的污泥积垢，振兴法国，使孕育成熟的资本主义制度脱胎诞生。法国《百科全书》的学者们是唱起新时代乐章的歌手，是呼唤暴风雨的海燕，他们为行将到来的法国大革命做了思想准备。不同的时代赋予人们以不同的历史使命，由此也决定了中国和法国两部划时代巨著根本趋向的歧异，而两国民族性格、文化传统、学术源流的不同又使得两书在编纂体例、思想内涵、知识构成等多方面各具自己的特色。

对这两部产生于两个多世纪前的巨著进行研究，对于理解中法文化的特点和差异，促进两国文化的进一步交流是有重要意义的。

文明对话与和谐世界 *

　　文明的多样性是人类社会的基本特征。在悠久的历史长河中，生活在不同地区的各民族形成各具特色的文明，构建了不同的社会。当时，文明初启，世界蒙昧，很少对话和交流。因此，各种文明之间有着重大的差异。至今世界上存在许多文明体系，共处在一个地球上。多元文明的并存和差异是历史形成的，是客观存在。正是文明的差异显示了世界的丰富斑斓，精彩纷呈。

　　但是，文明的差异会发生摩擦、冲撞、对抗，以至战争。自古以来，由于经济利益的冲突和文明的隔阂对立引发了无数次战争，毁灭了大量的生命和财富，造成人类的悲剧。

　　21世纪，世界一体化的发展迅速拉近了各个国家和各种文明的距离，文明的冲突将会愈演愈烈，人们以什么态度来对待并存的多元文明，将决定世界的未来。是通过文明对话相互尊重，共同发展，构建一个和谐的世界，还是以冷战思维，猜疑、歧视、挤压，最后爆发战争？人类应该把握自己的命运，选择光明的道路。可以欣慰的是，多元文明的对话正在全世界人民中成为强烈的共识。各国睿智的汉学家、中国的学者应该推动文明对话的趋势，使得构建和谐世界成为人类共同的目标。

　　和谐世界之所以可能，是因为多元文明固然有其差异性，但也有其同一性。文明不同于野蛮，它是人类长期实践活动中凝聚的历史智慧和美好理想。各种文明的深层结构中都包含着对人的热爱、关怀和宽容。西方文明中的"博爱"，中国文明中的"泛爱众"，佛教文明中的"慈悲为怀"，伊斯兰教义中的"你觉得什么是痛苦，就

　　* 原载《涓水集》，北京，北京出版社，2009。末署2007年3月18日。

该想到对所有人都是痛苦"，各种文明中的这些核心内容可以联结，可以相通，可以携手共进。多元文明既是互异的，又是趋同的，实现文明对话，互相理解，互相包容，互相尊重，它们之间的对抗和战争是完全可以避免的。

中国传统文明强调"和谐"。老子说："知和曰常，知常曰明"。孔子说："礼之用，和为贵"。孟子说："天时不如地利，地利不如人和"。荀子说："万物各得其和以生"。《中庸》中说："和也者，天下之达道也"。"和"是中国传统道德的核心内容。"和"不是盲目的附和，不是无原则的顺从。"和"是承认事物的对立统一，承认事物内部不同方面的相互矛盾和相互依存。"和谐"的本质是理解、包容、尊重，是和睦相处，和而不同。

今天的中国已经和世界连为不可分割的一体，中国的复兴离不开世界的帮助。世界的稳定、繁荣也需要中国的参与。中国学者真诚愿意通过文明对话，将一个开放的、和平的、友好的中国展示给世界，也希望各国的汉学家们帮助和引领我们走向世界，让我们更加了解和认识世界的先进文明，虚心学习，共同促进和谐与发展。

从历史展望未来

从历史展望未来 [*]

为什么要研究 18 世纪的中国与世界？18 世纪对中国和世界都是十分重要的时代，甚至可以说是人类历史上的分水岭。人类社会从农业文明开始走向工业文明，从此世界发生了翻天覆地的变化。

一、18 世纪是人类历史上的分水岭

以英国的产业革命、美国的独立战争、法国的大革命为标志，世界历史进入新纪元。二三百年以来，世界经济和社会发展加速前进，资本主义确立了统治地位，全世界都在急流奔腾之中。历史发展缓慢的节奏和停滞的外观突然发生了变化，注入了新的活力。从 1750 年以来两个半世纪，全世界工业产值增长 430 倍，生产力像泉水一样突然地喷涌而出。当时，中国虽还没有开始近代化，但 18 世纪正处在清朝的康乾盛世，社会安定，经济繁荣，文化昌盛，多民族国家的统一得到加强，基本奠定了现代中国的版图。无论在中国还是在世界，一系列重大变化正在或即将开始，一系列惊心动魄的事件连续发生。我们不能不问，这些变化、事件对以后的世界将产生什么影响？将把世界各国引向何方？

研究 18 世纪中国和世界就是要把中国和世界连成一个整体，改变中国史和世界史分隔和孤立研究的习惯。中国是世界的一部分，只有把中国放在世界坐标系中来考察，才能给中国正确定位；而世界中又必须包括中国这样一个巨大的有机组成部分，如果脱离开中

---

* 原载《历史教学问题》，1999 年第 1 期。

国，世界史就不是完全的真正的世界史。18 世纪，中国和西方从古代相互隔离的状态中走出来，开始迅速地接近，东方文明和西方文明发生碰撞、斗争。这个历史进程，人类为之付出了巨大的代价。当时，西方殖民主义到处掠夺、侵略，先是掠夺南北美洲、非洲、印度、东南亚，最后来到中国。全世界有许多不同的文明区域，在古代被海洋分隔，现在走到了一起，发生了碰撞和冲突。18 世纪以后的二三百年，在世界和中国的历史中充满了暴力、反抗和苦难。就中国来说，它是最后一个卷入世界历史潮流中的巨大文明实体。暴风骤雨的冲击推迟了一个多世纪，19 世纪发生了鸦片战争。18 世纪中外关系中有小的纠纷、摩擦，还没有大的冲突战争。日常纠纷何以没有变成大的冲突？这不是殖民主义者的仁慈，而是因为西方国家忙于欧洲事务，忙于对美洲、东南亚、印度的争夺，无暇顾及中国。并且中国本身是庞然大物，实力较强，殖民主义者还不能对中国动武，他们没有把握取胜。所以，18 世纪对中国是个认识世界、追赶世界、发展自己的好时机。但由于主客观原因，中国失去了机会。研究 18 世纪的中国和世界，可以反思过去，把握今后机遇，帮助我们在建设有中国特色的社会主义道路上更快更好地前进。

二、18 世纪中西方国家的共同性和相似性

对 18 世纪的中国与世界的一些根本性的历史转变，需要很长的历史过程才能认识它的发展趋向和历史意义。一些短暂的事件和人物往往是浮现在历史表面的泡沫，只有掌握了长时段深层涌动的潜流才能把握历史的本质。

以下把 18 世纪的中国和当时西方各国（西欧和美国）略作比较，在比较中加深对中国和世界的认识。西方是当时最发达地区，西欧社会已在发生质的变化。尽管西方走在中国前面，但中国是个人多地广的大国，又值康乾盛世，其综合国力相当强大，而西欧的产业革命刚刚开始，工业文明并未立即占有明显的优势。拿生产总

值作比较：1750年（乾隆十五年）中国制造业生产总值比整个欧洲多三分之一，比英国多6倍。至1800年（嘉庆五年），中国的制造业总值仍超过英法总和的4倍，但由于中国的人口超过英法总和的10倍，故人均产值已落后于英法。18世纪，中国的商品经济发展迅速。1685年（康熙二十四年），常关税钞收入达银120万两，至1795年（乾隆六十年）达846万两，110年增长7倍，反映了商品流通量的急剧增加，市场的迅速扩大。作为资本主义重要标志的雇佣劳动，在中国古代已经产生，到了18世纪有很大发展。中国的城市集镇，其规模和发展趋势令人瞩目。清朝是高度发展的封建专制主义政权，这与欧洲近代以前的中央专制政权有表面的类似，如英国的都铎王朝、法国的波旁王朝、德国的霍亨索仑王朝、俄国的罗曼诺夫王朝等。18世纪，清朝大力经营和巩固边疆，统一台湾，平定准噶尔回部，管理西藏，开发东北、内蒙古、新疆，在一定程度上消除了境内游牧社会和农耕社会的长期对立，缩小了中原和边疆地区的差距，巩固了国家的统一。在近代以前，美国与俄国也发生过边疆运动，对其国家的形成和近代化产生了重要影响。当然，中国的边疆运动和美国、俄国迥异，美国开拓西部、俄国东进西伯利亚，是取得新领土的边疆扩张，而清朝收复台湾，进入新疆、西藏，是恢复原有版图的边疆统一。

三、18世纪中西方国家的差别

　　以上是18世纪中国与西方比较所能看到的相近的、类似的东西，是中国和西方社会所具有的共同性、相似性。同时也要看到中西方社会的不同和差距，亦即看到中国社会的特殊性，这是非常重要的。正是这些不同和差距，决定了中西方两种文明的不同性质，反映了中国和西方国家所处的不同社会阶段。

　　中国和西方国家的差别至少有以下若干点。中国是一个幅员辽阔、人口众多的多民族统一国家，各个地区的发展很不平衡，比较先进的小块地区（如长江与珠江三角洲）被周围广阔的后进地区所包围、所制约，难以单独发展，难以打破传统的经济格局、社会结构。而西欧，许多独立的中小国家同时并存，他们之间的经济、文化发展比较均衡，先进国家受周围后进地区的干扰比较小。因此，英国、法国得以首先突破封建制度，树立起产业革命和政治革命的旗帜。此后一二百年，西欧各国由于自身的发展以及相互的影响，陆续跨进了工业社会。近代前夕的西欧专制王朝是一个多元的权力结构。专制王朝掌握政权，却需要仰赖城市工商业的财政支持，而教化权力又被教会掌握，政治体制又发展出政府与议会之间的制衡关系。而18世纪的清朝政权却是君主大权独揽，决不把权力分割给其他集团。中国官府严密地控制工商业，食盐和对外贸易是利润最丰厚的产业部门，只有官府特许的少数几家官商实行垄断经营，其他如丝织业、制瓷、冶铁也不同程度地由政府控制，缺少自由经营的机制和持续增长的活力。

18世纪西方已出现具有相当实力的市民，可以参与制定城市法规，选举城市官吏，进而控制议会，与封建势力相抗衡。中国虽然也有城市，但首先是封建的政治中心和驻军要地，没有独立地位，并未取得自治权，不能成为抗衡官府的力量。我们看到巴黎的工商业者曾和城市工人、平民一起反对法国王室，取得了法国大革命的胜利；而18世纪中国的工商业主却和官府一道，去镇压"叫歇"的工人和罢市的平民。18世纪西欧盛行重商主义，政府鼓励人们航海探险，经商营利；而中国则重农抑商，工商业虽有相当发展，却从没有强大到可以迫使政府重视自己，工商业仍处在卑微的地位。

18世纪对外交往、对外贸易是不可抗拒的历史趋势，但清朝政府实行闭关政策，限制对外交往，如设立行商制度，实行一口贸易，限制人民出海，限制进出口商品的数量种类，闭关政策对中国的发展极为不利。

18世纪末美国和法国先后制定宪法，保护公民的平等权、财产权，加速了社会变革，促进了经济发展，强化了法制精神。而完成于乾隆初年的《大清律例》，维护君主的绝对权威，强化人们的臣民意识和等级观念，压抑其独立意志和创造精神。

18世纪欧洲出现了众多的自然科学大师：牛顿、莱布尼兹、拉瓦锡、富兰克林、林耐，他们通过观测、实验、计算、分析，对自然界客观现象和运动规律取得了正确而系统的认识，这是人类利用和改造自然界决定性的一步。1765年，瓦特改良蒸汽机，这是一次有深远影响的重大突破，使人类摆脱了对自然能源的依赖。机械的发明创造越来越多，有了这些发明创造以后，人类才能创造出近代大机器工厂，完成从农业社会向工业社会的飞跃。而中国知识界对自然科学倒退至蒙昧状态，不以自然界作为研究对象，即使研究自然界，不过是用来联系和解释人事关系，所谓天人关系，如地震、日食、星象，都和皇帝的仁政有关。耶稣会传教士传进来的自然科学，在知识界只引起微小的影响，这造成了以后东西方社会发展越来越大的差距。

在人文和社会科学领域，18世纪欧洲产生了洛克、伏尔泰、孟德斯鸠、狄德罗、卢梭、斯密、康德等思想家，他们呼吁自由、平等和理性精神，呼唤和支持社会变革。中国的思想界仍局限在儒学的框架中故步自封，虽有若干反传统的思想因素，但力量微薄，影响不大。

美国独立和法国大革命，为在美洲、欧洲确立资本主义制度扫清了道路。而中国在18世纪的白莲教大起义，仍为地主和农民这一固有矛盾的重新爆发，它是旧时代走向黄昏的哀歌，并非新时代迎来晨曦的号角。

中国创造了光辉灿烂的华夏文明，在物质生产和文化创造方面走在世界的前列。即使到18世纪仍有相当的潜力，保持着繁荣和强大。但这种繁荣和强大与西欧国家已不相同，表面的相似掩盖着实质的差异。当时，西欧国家已进入资本主义社会，而中国仍处在封建社会后期，显示出封建的宗法性农业社会的特征。西欧国家从封建主义走向资本主义，从农业文明过渡到工业文明，是由长期历史进程所准备好的，是多种近代因素汇聚和发展的结果，中国虽亦有近代因素出现，但传统的政治、经济、文化结构严重地阻扰了近代因素的成长，走向近代化的通道尚未打开，条件尚未成熟，18世纪的中国并未显示出像西欧一样的迅速引发社会质变的迹象。18世纪中国和西方存在多方面的差距，这决定了两种文明的不同性质，一个是资本主义的青春，一个是封建主义的垂暮，也决定了两个社会的不同前途。18世纪以后，西欧出现了持续、高速的经济和社会发展，而中国则由于外国侵略与内部动荡而一蹶不振，陷于贫困、落后和长期危机之中。

四、20世纪中国历史的反思

对中国来说，20世纪是充满苦难的世纪，是奋斗拼搏的世纪，也是获得新生、走向辉煌的世纪。

20世纪之初，中国还处在封建清王朝的统治下。风雨如磐，百年巨变。世纪之末，中国已在建设有中国特色的社会主义道路上阔步前进。历史场景变换得如此迅捷，如此频繁，几多屈辱，几多血泪，几多成就，几多欢欣。各种事件、人物、制度、政策，变化不定，一瞥即逝，匆匆地移到我们的身后，中国仿佛一艘巨舰在波涛汹涌、激浪排空的海洋中行驶，颠簸飘荡，屡逢险难，却仍执着地、始终如一地奔向一个伟大的目标——建设独立、繁荣、富强、文明的社会主义现代化国家。

1900年轰轰烈烈的义和团运动揭开了20世纪中国历史的序幕。当年，八国联军的铁蹄踩踏在神州大地上，帝国主义列强在中国划分势力范围，争夺路权矿权，控制中国的经济、政治，占取种种特权和利益。中国的芸芸众生在水深火热中呻吟、悲泣、抗争，却难以挽救国家的危机，改变自身的噩运。但历史在前进，深层的潜流在涌动，在激荡。中国的新经济从几千年自给自足的不变模式中破土而出，工厂、矿山、铁路、轮船以及学堂、报刊、政党大批出现，商品经济在发展。新的社会力量——工人、企业家、新型知识分子——在崛起。人们的生产、生活、交往发生了意义深远的变化，中国已具有一系列近代社会形态的特征。经济和社会底层结构缓慢而持续的变动，必将有力地推动上层政治建筑和观念形态的变革，旧的政治体制、法律条例、伦理道德、文化思想越来越不能适应新形势、新生活，巨大的革命风暴正在酝酿之中。以孙中山为首的革命派组成了中国革命同盟会，进行宣传，组织起义，发动了在完备意义上的资产阶级民主革命，即 1911 年辛亥革命，轰然巨响，清王朝崩塌了，统治中国两千多年之久的封建专制主义皇冠滚落尘埃。这是 20 世纪中国历史的第一个伟大转折。从此，中国走出了封建王朝循环更替的历史怪圈，共和的政治体制得以确立，社会生活、思想观念、信仰习惯随之开始变化，长期停滞的中国历史得到了强有力的推动而加速前进。

　　但是辛亥革命并没有解决社会的基本矛盾。国家贫穷如故，落后如故，中国却因失去了传统的政治中心而陷入无序和纷乱，地主、军阀、买办与洋人勾结，纷纭扰攘，你争我夺，乌烟瘴气。五四运动是继辛亥革命以后的一次伟大的思想文化革命，它推动了启蒙和爱国的大潮。先进的知识分子经受了新文化思想的洗礼，从封建教条的禁锢中解放出来，急迫地寻找救国救民的方案，在形形色色从西方传来的思想中选择了马克思列宁主义。在马克思主义传播和工人运动兴起的基础上，中国共产党诞生了。历史证明：这是符合中国国情、符合人民心愿的正确选择。在中国共产党的领导下，中国革命跨入了新的里程，有了全新的革命理论和路线政策，有了坚实的群众基础和严密的组织。从此工农运动风起云涌，反帝反封建斗争如火如荼地展开。这是一场漫长、艰难、激烈的战斗。旧势力不甘心退出历史舞台，新势力也不会轻易地取得胜利。这场战斗付出了沉重的代价，耗费了千千万万革命者的精力和生命。五四运动、工农风潮、国共合作、北伐战争、土地革命、红军长征、抗日战争、解放战争，这一幕又一幕雄壮的历史剧，蕴含着多么丰富的内容和可歌可泣、震撼人心的事迹。

　　由于敌我力量对比的悬殊和中国共产党幼年时期的不成熟，其间发生了 1927 年和 1934 年两次重大的失败，右倾和"左"倾的错误连续发生。大批共产党员和革命进步人士被屠杀，经过辛苦缔造的大片根据地丢失殆尽。但是，新生力量是不可战胜的，中国共产党在遭受重大失败之后，能够从血泊中站立起来，重举战旗，集合力量，吸取教训，继续战斗。经过长期的锻炼和考验，马克思主义越来越和中国革命的具体实践紧密结合，形成了毛泽东思想。正确的思想一旦被群众所掌握，就焕发出巨大无比的威力。在毛泽东思想的指导下，中国革命跨越险阻，克服困难，大踏步前进。

抗日战争是 20 世纪中国历史上值得大书特书的事件。它是世界反法西斯战争的一个组成部分，也是中国近代反对外国侵略第一次获得彻底胜利的战争。为了抵抗武装到了牙齿的日本军国主义，国共进行了第二次合作。全国各族人民紧密团结，英勇奋战，不惜牺牲，打败了日本侵略者，解除了长期以来对中华民族生存和发展的最大威胁。在战争中得到锻炼的革命力量大大增强。因此，抗日战争胜利以后，当国民党挟优势的兵力、财力，悍然发动全面内战，仅仅经过 3 年时间，800 万国民党军队土崩瓦解，一败涂地。1949年，中国民主革命取得了胜利，创建了中华人民共和国，结束了帝国主义、封建主义和官僚资本主义对广大劳动人民的奴役和剥削，中国人民站起来了。这是 20 世纪中国历史的第二个伟大转折。

新中国成立以后，在中国共产党领导下的人民很快地治疗了战争的创伤，恢复国民经济，实行土地改革，进行抗美援朝战争，开展肃反运动，为国家的稳定、统一和经济建设准备了条件。随后的十多年间，各条战线取得了一系列重大成就。一批大型重要的工厂、矿山、铁路得以建成，初步建立了独立的、比较完整的工业体系。农业生产长足发展，粮食、棉花、油料有较大增长，能够依靠自己的力量基本上保证人民的衣食需要，城乡贸易活跃，人民生活得到改善，教育、科学、文化、卫生事业都有相应的发展。在党的过渡时期总路线的指引下，实现了国家的社会主义工业化，实现了国家对农业、手工业和资本主义工商业的社会主义改造。1954 年召开了第一届全国人民代表大会第一次会议，制定了《中华人民共和国宪法》，国家机构得以建立并逐步完善。中国的国际地位也日益提高。

新中国成立初期，我国在社会主义道路上迈开了雄健的步伐，所取得的一系列重大成就为以后的继续进步提供了条件和基础。但是，建设社会主义这一史无前例的宏伟事业对我们来说是很不熟悉的。国家领导和群众并不曾意识到，在中国这样一个人口众多、幅员广阔、底子单薄、传统深厚的国度里，建设社会主义将是十分艰难、复杂的任务。作为我国最高领袖的毛泽东同志对民主革命、社会主义建设都做出过伟大的贡献，但由于他晚年对形势和任务的判断失误，理论上和工作中一再出现"左"倾错误而得不到改正。"文化大革命"的十年，"四人帮"和林彪集团利用这个错误制造混乱，篡党夺权，给全国人民带来了极其严重的灾难。

1978 年中国共产党的十一届三中全会是 20 世纪中国历史上的第三个伟大转折。邓小平同志提出解放思想、实事求是的方针，拨乱反正，批判了祸国殃民的"四人帮"，纠正了十年动乱中"左"的理论和错误路线，重新确定了社会主义的正确方向，开创了社会主义现代化建设和改革开放的新局面。在邓小平同志建设有中国特色的社会主义理论的指导下，中国的建设以惊人的速度发展。在农村，广泛地实行了家庭联产承包责任制，调动了广大农民的生产积极性，并调整了农产品价格和农业税收，调整了农村产业结构，增大农业投入，促进乡镇企业的发展，使农业生产和农村面貌发生了重大深远的变化。在城市，搞活国有大中型企业，推行经济责任制，扩大企业自主权，转换企业经营机制，逐步建立现代企业制度；建立多种经济成分、多种经营方式、多条渠道并存的流通经营网络和管理体制；进行价格改革，开拓各类市场，加快建立和完善社会主义市场体制。设立经济特区，开放沿海、沿边城市，大力引进外国的技术、设备、资金、人才、管理知识。在政治体制方面，进一步扩大社会主义民主，健全社会主义法制，转变政府职能，提高行政效率，打击贪污腐化；又强调社会主义物质文明建设和精神文明建设一起抓，加强思想理论工作，发展文化教育事业，倡导爱国主义教育，坚持社会主义方向。此后，我国的面貌日新月异，国家的综合实力大大增强，经济繁荣，秩序稳定，人民生活有了明显的改善。

历史长河前后相续。20 世纪是我们和我们的祖辈、父辈用全部心血创造的历史，寄托着几代人的悲欢、努力和希望，又为我们的子孙提供了建设未来美好生活的起点。20 世纪的历史，值得所有的中国人回顾、学习，把它保存在民族的心灵深处。

"前事不忘，后事之师"。一个民族能够通晓自己过去的历史，就能够吸取经验教训，去指导未来。前进的道路还很漫长，尽管我们在 20 世纪走过了崎岖曲折的道路，尽管曙光在望，我们已能看到未来所投射过来的璀璨光芒，但创建社会主义新生活是一项史无前例、复杂繁重的任务，许多新矛盾、新问题尚待解决，前进的航道上还会有无数礁石险滩。我们必须从 20 世纪刚刚过去的历史中学习，学得更加聪明、更加理智、更加谨慎，使得今后少走或不走弯路。同时，社会主义事业的成就历经几代人的奋斗，来之不易，我们要使广大干部和青少年了解历史，热爱自强不息的祖国和人民，更加自觉地投身于社会主义现代化建设中去。历史是智慧和力量的源泉，让我们用它来武装自己，乘风破浪，奋勇前进。

五、展望 21 世纪

著名的美国学者萨缪尔·亨廷顿认为：21 世纪将会发生严重的文化冲突，基督教文化正在衰落，东亚文化（中国本土文化和海外华人文化）以及伊斯兰文化将要崛起。后者将排斥和取代基督教文化，甚至发生文化战争。他描绘了一幅世界文化发展悲剧性的前景，这是不正确的。他没有认识到 21 世纪将是一个多元文化共存的世界，也没有认识到东亚文化的和平性质，具有极大的包容性。古往今来的战争，从来都是经济和政治利益的冲突，异质文化之间虽然也会发生摩擦和撞击，但并不是战争的根源，即使中世纪的宗教战争，其背后也掩盖着实在的世俗利益。事实上，东西方文化各具特色，各有自己的贡献。我们在弘扬中华文化的同时，不会忘记西方文化的优点及其伟大贡献。在 21 世纪中，中国文化、西方文化以及世界上其他文化将在一个多元的文化世界中共存和互补，使得世界更加绚丽多彩，而不是哪一种文化独霸和统治的局面。东方文化将随着形势的变化和中国的强大而更加繁荣。

回顾过去一二百年，成为发达国家的英、美、法、德等第一批国家都是基督教文化国家，走的是西方式的现代化道路（日本走的也是西方道路）。21世纪，世界上将会出现第二批发达国家和地区，其中有中国、韩国和东南亚，这些国家和地区属于东亚文化，受中国文化不同程度的影响，将会走出一条与西方不同的现代化道路。

中西文化的抉择 *

　　清代历史和过去历史一个很大的不同，就是世界和中国的联系越来越密切。清代历史的很多方面深受世界的影响，离开世界这个历史背景，我们就难以解释清楚清代的许许多多的问题，许许多多的情况。很多问题不联系世界，就看不清楚。

　　清军入关是 1644 年，距离哥伦布发现美洲已经一个半世纪，全球历史的帷幕已经拉开，葡萄牙、西班牙、荷兰、英国、法国这样一些国家相继登上了世界历史舞台，南北美洲已经成为欧洲的殖民地，世界其他地方，非洲、东南亚、印度、中东也正在遭到殖民侵略。这个时候的中国，她保持了国家的独立。但清朝历史和以前朝代不一样，一开始清朝崛起就和世界接触。如西方的红衣大炮，清入关前就开始引入，这里不多说了。清入关后，从顺治开始，就与传教士接触。顺治与传教士关系非常密切，他称汤若望为"玛法"，是父辈，很尊敬的称呼。据汤若望记载，在两年的时间里，顺治帝去了汤若望家 24 次。汤若望在宫里医好了皇后的病，得到了皇太后的恩赐，可以出入宫禁，与清廷关系极好。康熙更不用说，对天文、数学等西方科学技术都有很浓厚的兴趣，身边有很多传教士。康熙得了疟疾，当时的疟疾病是非常严重的，治不好，会死人的，康熙采用并推广了金鸡纳霜治疗法。签订《尼布楚条约》前谈判的时候，张诚、徐日昇充当了翻译。《康熙皇舆全览图》也是传教士帮着画的。可以说，在清初，传教士与清统治者有着一段蜜月般的关系，非常亲密。满族的亲贵也有很多与传教士有很密切的关系，相比之下，汉族士大夫在清初与传教士关系密切的不多。明末的汉族士大

---

　　* 原载《清史译丛》，第一辑，北京，中国人民大学出版社，2004。

夫，像徐光启、李之藻信仰天主教，可是清初的士大夫，我印象中没有几个。

当时中国也是处在十字路口，也有可能选择西方文化。作为统治者的满族，处在文化的后进的地位，它要学习先进文化。当时，它面临的先进文化有两种，一种是西方文化，一种是汉文化。它和西方文化接触很多，也知道它的好处，为什么没有更多地选择西方文化？这也是一个历史之谜吧。后来，完全走了汉化的道路，而且越来越汉化。看来，它不是没有可能选择西方文化，它有机会选择，但它没有更多地吸收西方文化，而是走了单纯汉化的道路。如果稍稍吸收一些西方文化，哪怕像日本一样，出现一个兰学，那中国历史的道路肯定会不一样。当然，这只是一种猜想。

看来，文化的选择有一个土壤的问题。清统治者要统治汉人，因此，它选择的是统治汉人的现成的政治和文化模式，而不再考虑选择其他的模式，这也是一种解释。我觉得，清初的历法之争，表面上是汤若望取得胜利，采用了传教士所编的《时宪历》，因为它是科学的。但从更广泛的意义上来讲，从全面的文化选择来讲，汤若望失败了，而杨光先胜利了。杨光先是坚持以中国的传统文化对抗西方文化的。因为中国走的道路依然是汉族的传统道路，没有吸收西方的先进文化。这是历史事实，清朝从一开始就面临着政治和文化选择，一开始就面临着西方文化，这是其他朝代没有的事。

文化的冲击、磨合、交流，这个过程很不容易。历史上，印度佛教经过上千年的时间才融合成中国的佛教，因此，刚进入中国不久的西方文化不可能很快被中国人接受。文化的融合有独特的规律，历史有它的必然性。

清朝建立之初，要考虑统治汉人，必须尊重汉族传统的信仰和风俗。所以，传教士面临的困难越来越严重。罗马教廷坚持要反对祖先崇拜，这引起了汉人反对，满族统治者也反对。雍正时期，全面禁教，把传教士逐出宫廷，关上了大门。从历史的表面来看，雍正的全面禁教，似乎阻止了中西文化交流，但是历史是在前进的，世界一体化的进程不可阻挡、不可抗拒，中国逐渐融入世界的潮流也是不可抗拒的。

18世纪文化交流虽然被阻断，乾隆后期在宫廷已经没有传教士了，但中西方经济的交流大大地发展了。当时海关对外贸易急剧增加。康熙时期海关收入只有4万两，贸易额很小，到鸦片战争前海关的税收达到了190万两，增加了47倍，增加得很快，如茶叶、丝绸、棉布、瓷器的对外贸易大量增加。到康乾盛世，海外贸易比较繁荣。

社会发展也达到了顶点。从人口来看，汉朝人口5 000万，唐朝是8 000万，后来也有增加，但中国的记录人口从来没有达到过1亿，明朝是七八千万，到清朝道光时期为4亿。相应地，农产品也只有增加4倍到5倍，才能养活这么多人口，可以说，当时经济总量已超过汉、唐。根据外国的有关研究，当时中国的GDP占世界的32%，这是外国人的统计；还有一种统计是24%。是否确切不敢说，但说明当时中国的经济总量已经很大。

这些方面的研究都需要中国历史与世界历史的结合，也需要你们的合作。我希望年轻的学者转而研究一些大问题，到底是怎么回事？中国的经济实力到底如何？

康乾盛世如何解释，也需要世界历史的知识。不了解世界的情况，也难以解释康乾盛世。当时国内安定是个主要因素。不能老打仗，社会的安定对于生产的发展至关重要。康乾统治者非常重视农业生产，投入大量精力治理黄河。有一年，国家收入的1/3用于治河。还有一个重要的因素，就是南美洲的白薯、玉米、花生等作物在康乾时期得到广泛种植。这些作物传入中国是在明朝，但广泛推广是在清朝。如果离开了白薯、玉米，这么多人口怎么养活，很难想象。只有高产的粮食作物才能养活这么多人。而且，白薯、玉米的种植条件要求很低，对土壤、水、气候的要求不是那么苛刻，这些高产作物遍地可种。从前不能种的地方，开垦出来就可以种，平原、高山、地头旮旯都可以种植。乾隆年间，开垦了以前的很多荒地，因此，粮食产量较高。这对于康乾盛世的到来非常重要。

高产作物在中国的推广，这方面的研究已经有了，但还不够，这个问题的研究，也需要中国历史、世界历史的专家合作研究。关于白薯这些作物如何推广的问题，值得研究。当时有个姓陈的福建人，带着他的儿子、孙子，山东、山西到处跑，一辈子推广种白薯。白薯种植的关键就是育秧，他帮助北方农民解决白薯育秧过冬问题，像这类问题值得研究。可以肯定，南美洲作物的推广对康乾盛世的形成起了重要的作用，没有南美洲高产作物的传入和推广，就没有康乾盛世。

另外一个因素是货币。当时墨西哥白银大量输入中国，这一点对中国市场的发展非常重要。白银是良好的硬通货，当时的贸易连年出超，有很多东西销往外国，像丝绸、瓷器、茶叶；而外国人没有那么多东西运往中国，当时还没有大机器生产，只能用白银。有本书叫《白银资本》，轰动一时。讲当时中国是全世界的经济中心，所有的白银都流向中国，中国是白银的仓库。据说，在18世纪，有3亿两白银流入中国。可以说，大量白银的输入，成为中国市场交易的润滑剂，扩大了中国市场，推动了中国经济发展，使中国经济发展达到了前所未有的高度。关于当时中国货币流通量、交易量到底如何，这些研究大多都是宏观的，细致的研究还不够。有统计说，中国当时国内的总贸易量超过了英国海外的贸易量，到底是不是这样，需要中国史、世界史学者共同论证这个问题。

我觉得这两个因素，经济方面高产作物的推广，货币方面白银的输入，对康乾盛世的到来起了非常重要的作用，否则很难达到那样的高度。所以说，清初中外的文化交流虽然暂时中断，但经济交流更加密切，而且其实际影响非常大。到了晚清，更不用说了。如果不联系国际背景，根本没办法研究中国近代历史。清朝前期，中国还可以置身于国际事务之外，是天朝上国，洋洋得意，自高自大，关起门来，可以高唱"天朝物产丰盈，无所不有，原不籍外夷货物，以通有无"。到了鸦片战争以后，大门被打开了，也无法关门了。这个时候，中国就被彻底卷入了世界历史的旋涡中。

无奈也罢，被迫也罢，缺乏精神准备也罢，反正你是被卷入了世界历史旋涡。列强蜂拥而入，外国开始成为支配中国的一个力量。

以前是外在力量，现在成为社会内部的力量，而且是强大的支配力量。一次一次的战争，一次一次的条约，把中国与世界绑在一起，变成了半殖民地。这个时候，研究中国历史，已经离不开世界历史。

反对西方列强是当时中国社会的主要任务，向西方学习同样是中国的一个主要任务，这两个任务是矛盾的。受到外国侵略，还要向它学习，即"师夷之长技以制夷"，历史就是这么复杂。老师打学生，这样的事在近代很多。割地赔款，丧失主权，如果不抵抗，不反戈一击，一味认输投降，丧失的不只是物质财富，不只是主权、利益，丧失的还有精神、信心和希望。中华民族就是在抵抗中逐渐成长的。但是你光反对，不学习也不行，那样就没有进步，就会停留在愚昧落后的层次，就会停留在非理性的行动中，使你的抵抗斗争变成"义和团式"的行为，使你的爱国行为变成盲目的排外主义。正是这些经验教训使中国在近代逐渐走向了正确的革命道路。

晚清与外国打交道非常多，外国传教士、政治家、军事家、记者都到了中国，他们写了大量的东西，但目前还有很多没有翻译过来。当然，他们的记载描述带有偏见，但在某些方面反映了中国历史。因此，清朝历史与以往的朝代不一样，它自始至终与世界历史保持着联系，我们必须在世界历史的背景下观察中国，必须了解当时西方人对中国写了些什么，说了些什么，做了些什么。

面向廿一世纪的华人文化[*]

海外华人文化简称"华人文化"。它是海外华侨华人在生产和生活中传播并创造的物质文化、制度文化、精神文化的总和，是海外华人社会的思想基础和精神支柱。它根源于中华文化，是中华文化的延续和变异。

由于中华文化博大精深、丰富多彩，因此华人文化的内涵也十分宽广，哲学、历史学、伦理学、文学、艺术、宗教、风俗习惯，以至衣食住行，无所不包，而其核心内容是其价值取向和思维方式。中国传统思想的主流是儒家文化，重伦理、重人际和谐，其认知方式重综合、重体验、富于辩证的因素。当然，中国传统思想中也包括佛家思想、道家思想以及近代的民主思想、爱国思想，华人文化根源于中国文化，但又有不同，因为它移植到海外，要适应所在国的土壤与环境，吸取新的文化因素，注入新的生活内容，它所表达的思想观念、描写的事件人物、反映的心态情绪是外国的，而非中国本土的。华人文化具有海外的情调、异国的风格，成为所在国多元文化中的一个组成部分。

华人文化的发生发展经历了漫长而艰难的里程，经过几代华侨华人的努力奋斗，才把中华文化移植到海外，在世界范围内传播和光大。华人文化的产生和传播，是海外华侨华人求生存、求发展的需要。几百年来，中国人民由于生活困难，离乡背井，远走海外，历尽艰辛。他们需要团结起来，运用集体的力量，谋求个体的生存，他们需要最大程度发挥聪明才智，发挥韧性干劲，才能在逆境中求生存。以儒家为主体的中国传统文化满足了这种需要，成为华侨华

* 原载《中国贸易报》，1995 年 10 月 7 日。

人巨大的精神财富，成为联系海外华人的思想纽带，成为他们的精神寄托。同是炎黄子孙，同是龙的传人，种族上和文化上的认同在海外华人中产生强大的凝聚力、亲和力，也成为他们奋发上进、顽强拼搏、追求理想的思想源泉。许多华侨华人，白手起家，经济上取得很大成就，其重要原因之一，就是具有这种精神力量，具有优良的文化气质，如勤劳刻苦、奉公守法、守信用、重节俭、善于经营、重视人际关系的和谐等等。这种文化气质使他们在经济上有所成就，而经济成就又反过来促使华人文化的传播与繁荣。

现在，海外华人已达三千万人以上，华人文化正在兴起，成为引人注目的世界性文化现象。很多国家学习中文的人越来越多，许多学者讨论新儒学，也有的国家吸收中国传统的伦理思想作为全社会的道德规范。华人的社团、报刊、学校很多，华人中的寻根热也在发展。东亚和环太平洋地区华人较多的地方出现了一个"中华文化圈"。这是海外华人对故土、对亲人、对文化根源的发自内心的思恋，引起海外华人跨国界的沟通与联络。

华人文化的兴起引起各方面的关注，引起学术界的研究。作为一种新兴文化现象，有许多未知的领域有待探索，基本的思路需要厘清，而在许多重要问题上还存在意见分歧。

如对华人文化的性质和作用，认识就并不一致。著名的美国学者萨缪尔·亨廷顿认为：21 世纪将会发生严重的文化冲突，基督教文化正在衰落，东亚文化（中国本土文化和海外华人文化）以及伊斯兰文化将要崛起。后者将排斥和取代基督教文化，甚至发生文化战争，他描绘了一幅世纪文化悲剧性的发展前景。而东方文化学者则认为：亨廷顿没有认识到 21 世纪将是一个多元文化共存的世界，也没有认识到东亚文化的和平性质。古往今来的战争，从来都是经济和政治利益的冲突，异质文化之间虽然也会发生摩擦和撞击，但并不是战争的根源。即使中世纪的宗教战争，其背后也掩盖着实在的世俗利益。事实上，东西方文化各具特色，各有自己的贡献。我们在弘扬中华文化的同时，不会忘记西方文化的优点及其伟大贡献。在 21 世纪中，中国文化、西方文化以及世界上其他文化将在一个多元的文化世界中共存和互补，使得世界更加绚丽多彩，而不是哪一种文化独霸和统治的局面。

21世纪华人文化的发展会不会影响海外华人和所在国的关系，会不会造成负面的影响？有些人表示忧虑和担心。我认为：海外华人认同于中华文化，这是他们应有的权利，和他们政治上认同于所在国并不矛盾。现在，华人中已废除了双重国籍，绝大多数华人加入了所在国的国籍，他们已是所在国的公民，享有公民权利，也承担公民义务。这一点并非要求他们切断和中国的文化联系，他们自然而然存在对文化源泉的思慕和亲近，存在"寻根"的情结。作为所在国家的少数民族，他们有权保存和发展本民族的文化，包括语言文字、宗教信仰、风俗习惯。如同中国的藏族、蒙古族、维吾尔族、满族等少数民族有权保存和发展本民族的文化，中国政府一贯支持、鼓励少数民族文化的发展，这不会对所在国造成不良影响，恰恰相反，华人文化的发展可以丰富所在国的文化生活。

21世纪，华人文化的发展前景如何？会逐渐萎缩衰落，还是进一步发展繁荣？这取决于以下几个因素：

其一，华人文化本身的作用与功能，即能不能适应和促进现代经济和社会的发展，能不能推动所在国的进步和繁荣。亚洲四小龙的经验，已证明中华文化是现代化进程中十分巨大的精神资源。

其二，所在国执行的政策与华人文化能否发展密切有关。是比较宽容，允许或鼓励华人文化的发展，还是采取限制甚至禁止？最近以来，各国逐渐认识到华人文化的有利无害，逐渐趋向宽容。

其三，华人新生代的态度将是华人文化发展的关键。我们应加强海外工作，争取和海外华人中年轻的一代加强联系，介绍和弘扬中华民族文化，唤起他们心灵中对故土的思念和对根源的追溯。

其四，华人文化的发展还取决于中国的强大和社会主义建设的发展。中国是一个强大的文化辐射源，将对华人文化的发展起重大的支持作用。

综合以上所说，华人文化将随着形势的变化和中国的强大而更加繁荣。回顾过去一二百年，成为发达国家的英、美、法、德等第一批国家都是基督教文化国家，走的是西方式的现代化道路（日本走的也是西方道路）。21 世纪，将会出现第二批发达国家和地区，其中有中国、韩国和东南亚，这些国家和地区属于东亚文化，受中国文化不同程度的影响，将会走出一条与西方不同的现代化道路。在中国就是邓小平同志指明的建设有中国特色的社会主义道路，其他国家和地区也会显示各自的特点。我们研究华人文化一方面是弘扬中华文化，联系海外华人，加强中华民族子孙凝聚力的需要；另一方面也是为了探索不同文化在未来交流、融合和发展，探索和创造适合中国和东南亚地区国情的新的现代化道路的需要。

华人文化这一新兴文化现象，其领域宽广、内容丰富，具有重大的学术意义和现实意义。它在 21 世纪将会取得丰硕的成果、放射璀璨的光辉。

图书在版编目（CIP）数据

中华文化的历史遗产/戴逸著. --北京：中国人
民大学出版社，2021.10
ISBN 978-7-300-29885-6

Ⅰ.①中… Ⅱ.①戴… Ⅲ.①中华文化-研究 Ⅳ.
①K203

中国版本图书馆 CIP 数据核字(2021)第 189439 号

中华文化的历史遗产

戴逸　著

Zhonghua Wenhua De Lishi Yichan

出版发行	中国人民大学出版社				
社　　址	北京中关村大街 31 号		**邮政编码**	100080	
电　　话	010 - 62511242（总编室）		010 - 62511770（质管部）		
	010 - 82501766（邮购部）		010 - 62514148（门市部）		
	010 - 62515195（发行公司）		010 - 62515275（盗版举报）		
网　　址	http://www.crup.com.cn				
经　　销	新华书店				
印　　刷	涿州市星河印刷有限公司				
规　　格	160mm×230mm 16 开本		**版　　次**	2021 年 10 月第 1 版	
印　　张	12.75 插页 3		**印　　次**	2024 年 4 月第 2 次印刷	
字　　数	165 000		**定　　价**	59.00 元